인생은 복잡하지 않다.
당신이 인생을 복잡하게 만드는 것이다.

자신을 바꿀 수 있는 사람은
타인이 아닌 자신밖에 없다.

회사생활이 힘드냐고
아들러가 물었다

회사생활이 힘드냐고
아들러가 물었다

펴낸날 2024년 1월 5일 1판 1쇄

지은이 오구라 히로시
옮긴이 박수현
펴낸이 강유균
편집위원 이라야 남은영
기획·홍보 김아름 김혜림
교정·교열 이교숙 정아영 나지원
경영지원 이안순
디자인 바이텍스트
마케팅 조명구

출판브랜드 지니의서재
주소 경기도 고양시 덕양구 청초로 66 덕은리버워크지산 B동 2007호~2009호
전화 (02)719-1424 **팩스** (02)719-1404
이메일 gangibook@naver.com
홈페이지 www.readlead.kr
펴낸곳 리드리드출판(주)
출판등록 1978년 5월 15일(제 13-19호)

ISBN 978-89-7277-387-0 (03320)

* 지니의서재는 리드리드출판(주)의 출판브랜드입니다.
* 파본은 구입한 서점에서 교환해 드립니다.
* 책값은 뒤표지에 있습니다.

'일잘러'로 거듭나는 아들러의 가르침_직장생활 실전편

회사생활이 힘드냐고 아들러가 물었다

오구라 히로시 지음 | 박수현 옮김

지니의서재

차례

아들러 심리학을 아세요?

이른 아침 7시 반, 은행잎이 노랗게 물들기 시작한 황궁 주변에는 조깅을 즐기는 사람들로 북적였다. 나도 그 사람들 사이에서 해자 가장자리를 따라 달리고 있다. 왠지 뉴욕에서 출세 가도를 달리는 엘리트가 된 기분이다.

줄어든 수면시간과 매달 나가는 런 스테이션run station 비용으로 조금 타격을 받기도 하지만 이런 기분을 만끽할 수 있다면 그 정도는 양보할 수 있다.

나도 이제 곧 서른이다. 슬슬 멋진 어른이 되고 싶은 나에게 충분히 가치 있는 투자이고 본전도 톡톡히 뽑고 있다.

사쿠라다몬을 빠져나와 우치보리 거리로 들어가 니주바시마에로 향했다.

자, 이제 곧 목표 지점에 도착한다. '런 스테이션에 들러 샤워를 한 다음 정장으로 갈아입고 출근해야겠다.' 라고 생각하며 달리고 있는데 눈앞에 처음 보는 남자의 뒷모습이 나타났다. 작고 둥글둥글한 체형으로 키는 150cm가 채 안 되어 보였다. 게다가 뚱뚱한 몸집 탓에 거의 3등신에 가깝다. 마치 애니메이션에 나오는 고양이과 로봇 '도라에몽'이 아닌가 싶을 만큼 꼭 빼닮았다. 더구나 그 남자는 정장차림에 가죽 구두를 신고 거친 발소리를 내며 달리고 있었다. 어지간히 힘들어 보였다.

구두 소리만 요란하고 속도가 나지 않는 그를 앞질러 가기로 마음먹었다.

어떻게 생겼을까? 궁금한 마음에 앞지르며 슬쩍 뒤돌아보았다.

나이는 마흔 정도로 보였고 알이 작은 둥근 안경을 썼다. 곱게 빗질한 머리는 5대5 가르마를 타서 포마드로 착 붙여 고정했다. 땀을 뻘뻘 흘리면서도 여유로운 미소를 짓고 있었다. 나와 눈이 마주치자 그는 오른손을 들어 "하이!" 하고 인사를 건넸다.

‘뭐라고 한 거지? 외국인인가? 외모는 아무리 봐도 토종 일본인인데.’

나는 당황해서 상대에게 맞춰 영어식 발음으로 대답했다.

“하, 하이?”

그러자 갑자기 그가 외쳤다.

“스톱!”

나는 영문을 몰라 발에 급브레이크를 걸며 멈췄다.

사내는 괴로운 듯 한동안 어깨로 숨을 쉬었다. 그리고는 함박웃음을 지으며 말했다.

“허억, 허억. 안녕, 잘 부탁해요. 허억, 헉. 나는 ‘들러’라고 해요. 당신은요?”

잠깐, 뭐라고? 이름이 들러라고? 이름이 좀 웃겨 진짜 이름인지 가짜 이름인지 혼란스러웠다.

“어, 그러니까….”

내가 대답을 얼버무리자 그 남자는 재차 물었다.

“당신을 뭐라고 불러야 하죠? 허억, 허억.”

그가 고개를 획 돌려 나를 봤다. 마치 에도시대 기계 인형을 방

불케 하는 움직임이다.

“그냥… 료, 료라고 불러주세요. 친구들도 다 그렇게 부르거든요.”

“허억, 헉. 안녕, 료. 잘 부탁해요. 나는 들러라고 불러 줘요.”

그가 오른손을 불쑥 내밀었다. 아, 악수하자고? 진짜 외국인처럼 행동하네.

악수에 익숙지 않은 내가 어색하게 남자의 손을 잡았다. 손가락이 짧고 손바닥이 통통한 손이었다. 그리고 땀으로 촉촉하게 젖은 상태라 아주 부드러웠다.

“그런데 당신은 여기서 바로 회사로 가나요? 옷은 어떻게 갈아입죠? 설마 황궁에 사는 귀족은 아니겠죠?”

아하! 들러 씨도 좋아서 정장을 입고 뛰는 게 아닌 모양이다. 나는 탈의실과 샤워 시설을 갖춘 런 스테이션을 알려줬다. 그가 내게 한 발짝 다가와 말했다.

“거기에 데려가 주면 안 될까요? 나도 바로 등록해야겠어요. 매일 땀에 흠뻑 젖은 정장을 입고 출근하고 싶지는 않거든요. 우린 이제 친구입니다. 자, 갑시다!”

만난 지 3분도 채 되지 않았는데 어느새 나는 들러 씨와 친구가 되었다.

이 얼마나 붙임성 좋고 넉살 좋은, 아니 행동력 있는 사람인가.

자신이 달리고 싶다면 남의 시선 따위는 아랑곳하지 않고 정장 차림에도 땀투성이가 되도록 달린다. 지금까지 주위에 이런 사람이 있었던가. 그런 생각을 하면서 그를 안내하고 우리는 접수대 앞에서 헤어졌다.

샤워하고 옷을 갈아입은 나는 허둥지둥 사무실로 향했다. '들러'라는 이상한 아저씨에게 붙잡혀 예정보다 30분이나 더 허비했기 때문이다.

타임 카드를 찍고는 서둘러 내 자리를 찾아갔다. 아슬아슬하게 지각을 면했지만 아무래도 제일 늦게 출근한 모양이다.

"좋은 아침입니다!"

큰 소리로 인사하면서 컴퓨터 전원을 켰다.

응? 뭔가 이상하다. 내가 소속된 광고 영업 1과의 일곱 개 책상

을 쭉 둘러보는데 평소와 달라진 풍경이 눈에 들어왔다. 원래는 야마모토 과장이 앉던 자리에 보이는 낯선 얼굴. 아니, 낯설지 않은데? 조금 전 달리면서 본 얼굴이 아닌가.

앉은키가 너무 작아 잘 보이지 않았지만 바로 그 남자다.

"들, 들러 씨 아니에요!"

나도 모르게 크게 소리치고 말았다.

"오, 당신은 내 친구 료군요!"

"들러 씨가 어찌 여기에…?"

"당신이야말로 어째서 여깄죠?"

우리가 서로 놀라며 아는 척하자 야마모토 과장이 입을 열었다.

"뭐야! 서로 구면이었어? 그럼 길게 설명할 것 없겠네. 료, 자네의 새로운 상사인 들러 팀장님이야. 미국 지사에서 3년 만에 돌아오셨어."

그러고는 몸을 빙글 돌려 들러 팀장에게 나를 소개했다.

"저희 1과의 유망주 료입니다. 예전에 저한테 해 주셨던 것처럼 인정사정 봐주지 말고 엄하게 지도해 주세요. 료, 자네는 정말

운이 좋은 줄 알아. 상사로 들러 팀장님이 오시다니 말이야. 나도 과의 일원으로 다시 돌아가 배우고 싶을 정도니까 최대한 많이 배우도록 해."

들러 팀장은 다소곳이 자리에 앉아 나와 야마모토 과장을 번갈아 쳐다보며 즐거운 듯 웃고 있었다.

어쩐지 정신없는 하루가 될 것 같다.

과 회의가 시작되었다. 당연히 새롭게 부임한 들러 팀장이 첫 타자로 인사했다.

“나는 상사가 아니라 여러분의 지원자입니다. 그러니 일방적으로 명령하지 않고, 할 수 있는 한 여러분의 용기를 북돋워 주고 싶어요. 여러분은 고객은 물론이고 동료와 회사에 힘이 되고 도움을 줄 수 있어요. 나는 그렇게 믿어요.”

들러 팀장이 땀을 흘리며 열심히 이야기했다.

지금까지 들어본 적이 없는 힘 있는 인사였다. 진지하게 들러 팀장의 이야기에 귀를 기울이던 나에게 영업사무 담당 리카가 속삭였다.

“료, 들러 팀장은 미국 대학원에서 배운 ‘아들러 심리학’에 심취해 ‘아들러’를 따라 ‘들러’라고 스스로 별명을 지었대.”

그녀는 깔깔 웃으며 말을 이었다.

“그런데 아무리 봐도 ‘도라에몽’이 생각나지 않아? 다들 겉모습을 보고 ‘도라에몽’부터 떠올리는 바람에 이름의 유래는 기억 못한다나 봐. 웃기지?”

"쉿."

나는 리카의 말을 잘랐다. 들러 팀장 이름의 유래는 아무래도 좋았다. 그보다 나는 그의 이야기를 더 듣고 싶었다. 야마모토 과장도 들러 팀장에게 많은 영향을 받았다고 했다.

내가 찾던 멘토를 뜻하지 않게 만난 느낌이다. 나는 점점 들러 팀장에게 관심이 쏠렸다.

아들러 심리학 들여다보기

아들러 심리학과 이 책을 구성하는 두 가지 키워드

알프레트 아들러(1870년~1937년)는 약 100년 전, 제1차 세계대전부터 제2차 세계대전이 발발하기 전까지 활약한 심리학자이다. 일본에서는 거의 무명에 가까운 존재였지만, 서구에서는 지그문트 프로이트, 칼 구스타프 융과 비견되는 대가 중 한 명이다.

아들러 심리학을 한마디로 설명하기는 어렵다. 다만, '용기'와 '공동체 감각(사회적 관심)'이라는 두 가지 핵심 개념은 분명하다고 정리할 수 있다. 사람을 유형별로 분류하는 데 부정적이었던 아들러도 오직 이 두 가지 부분은 구분 지어 연구했다. 이 책에서는 아들러가 남긴 두 축인 '용기'와 '공동체 감각'을 중심으로 구성하고, 그 밖의 관련 키워드를 곁들이면서 이야기를 풀어간다.

우리가 이 책을 통해 지향할 모습은 아들러가 말하는 '유익한 사람'이다. 자, 계속해서 이야기를 읽어 보자.

[도표 1] 아들러가 제시한 유형론(개인심리학저널, 1933년에서)

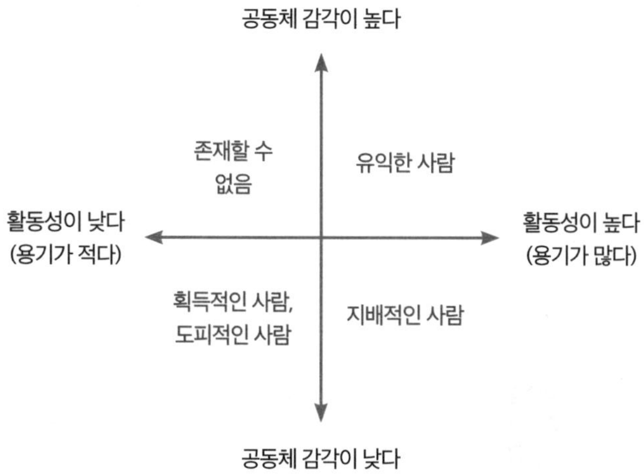

• 사람을 네 가지 유형으로 나눌 때, 아들러가 기준으로 삼는 원리는 두 가지다. 하나는 사회적 통합에 그들이 접근하는 정도이고, 다른 하나는 그들이 가장 달성하기 쉽다고 생각하는 방식으로 활동하며 발전시키는 운동의 형태이다.(아들러)

출처 : 《현대 아들러 심리학(Individual Psychology Theory and Practice)》 Guy. J. Manaster, Raymond. J. Corsini 공저, 《아들러 심리학 입문(Alfred Adler's Basic Concepts and Implications)》 Robert W. Lundin 저를 바탕으로 필자가 일부 개편하였다.

✦ 1장 ✦

스스로 다그쳐도 의욕이 안 생겨요

실수나 잘못한 일, 후회되는 일에 집중하지 말자. '왜 그랬을까?'를 연발하며 다시는 그러지 않겠다고 뉘우치고 반성하고 자책도 하지 말자. 당신은 못 하는 일보다 잘하는 일이 훨씬 많다고 아들러는 말한다. 지금 당장 잘하는 일을 적어 보자. 그리고 스스로 "아주 잘하고 있어!"라고 다독여주자.

★ 아들러 심리학 가르침 ★

'잘하고 있는 일'에 주목하고,
'못 하는 일'에는 주목하지 않는다.

'후유. 오늘도 늦잠 자는 바람에 조깅을 빼먹었네. 난 왜 이리도 의지가 약할까.'

겨우 지각을 면하고 후다닥 자리에 앉은 나는 '휴우!' 하고 가볍게 한숨을 내쉬었다.

그때 책상 모서리에 러닝 캡running cap을 걸고 있는 들러 팀장이 보였다. 오늘 아침도 황궁 주변을 조깅하고 출근한 모양이다. 역시 엘리트답다.

들러 팀장은 미국의 아들러 심리대학원을 졸업했다고 한다. 그 대학원은 허구한 날 밤샘 공부를 하지 않고서는 웬만해선 졸업하지 못하는 냉엄한 세계라고 들었다. 그러니 그는 의지가 강한 사람임이 틀림없다.

그에 비하면 나는 어떠한가. 매일 아침 일찍 일어나기와 조깅조차 지키지 못하고 있다.

'지금처럼 해서는 안 돼. 멋진 사람이 될 수 없다고!'

나는 나 자신에게 기합을 넣었다. 소리가 컸나? 나를 보던 들러 팀장이 싱글거리며 입을 열었다.

"료. 무슨 일이지? 아침부터 크게 한숨을 쉬고 말이야. 혹시 자네 자신을 탓하고 있나?"

허걱, 정곡을 찔렸다. 어떻게 알았을까?

"네. 오늘도 조깅을 못 했어요. 팀장님은 오늘도 달리셨죠? 저 자신이 너무 한심해요."

"그래서 자신을 탓했구먼. '지금처럼 해서는 안 돼.'라고 기합도 넣고 말이야. 어때, 맞지?"

들러 팀장은 손을 권총 모양으로 만들어 나를 향해 방아쇠 당기는 시늉을 했다.

"빙고! 빵! 하하하하하!"

'에고, 언제 적 개그를…. 요즘에 누가 저런 걸 한담.'

들러 팀장이 미국에서 지내는 동안 개그도 진화했다. 그런데 아무래도 그 사실은 모르는 모양이다.

들러 팀장은 큰 머그잔에 커피를 마시고 있었다. 미키마우스 캐릭터가 그려진 잔이다.

이제 보니 넥타이에도 그려져 있다. 아무래도 들러 팀장은 겉보기와는 달리 꿈과 희망을 주는 캐릭터를 좋아하나 보다.

그런데 자신을 다그치고 기합을 넣는 데 무엇이 잘못되었다는 것인가? 나는 참지 못하고 물었다.

"팀장님, 자신을 다그치는 게 뭐 문제 있나요? 매일 조깅 하나 못 하는 자신을 용서하면 점점 나태해지잖아요. '현재'를 '부정' 해야 발전하지 않나요? 지금 상황에 만족하면 무엇이 달라지겠어요!"

"정말 그럴까?"

들러 팀장은 커다란 눈동자를 좌우로 굴렸다.

"자네는 오늘 일찍 일어나지 못해서 조깅을 빼먹었어. 이것은 객관적인 사실이야. 하지만 자네의 주관에는 두 가지 선택지가 있지. 그중 어느 쪽을 택할지는 자네에게 달렸네. 하나는 '못 한 일'에 주목해서 못난 자신을 탓하는 거야. 이를 아들러 심리학에서는 '부정적인 주목'이라고 해. '지금처럼 해서는 안 된다. 나는 못난 인간이다.'라고 마음속으로 혼잣말을 하는 거지."

들러 팀장의 말에 나는 고개를 크게 끄덕였다. 맞는 말이다. 나는 늘 그래 왔다.

그럼 다른 방법은 무엇일까?

들러 팀장이 조끼의 가슴 주머니에서 펜 하나를 꺼내 빙글빙글 돌리며 말을 이었다.

"다른 하나는 '잘하고 있는 일'에 주목하는 거야. '못 한 일'이 아니라 '잘하고 있는 일'에 주목해서 자신을 인정하는 것이지. 이를 '긍정적 주목'이라고 해. 내가 열심히 하고 있구나. 이렇게 자신의 용기를 북돋우며 마음의 연료를 채우는 거야."

"잘하고 있는 일을 보란 말인가요?"

후유~ 나는 다시 한숨을 푹 내쉬었다. 그럴 수 있으면 이렇게 고생하지 않을 거다. '못 하니' 난처한 것 아닌가.

그러니 들러 팀장이 말하는 아들러 심리학은 의지가 강한 '잘난 사람'만을 위한 심리학일지 모른다. 나처럼 못난 인간에게는 맞지 않는 방식이다.

"그래! 료, 자네는 지금도 많은 부분에서 '잘하고' 있잖나! 왜 굳이 '못 한 일'에 주목해서 괴로워하지?"

"제가 뭘 잘하고 있단 말씀이세요? 오늘 아침에도 늦잠을 자느라 조깅도 빼먹었고, 그저께도…. 결국 이번 주에는 조깅을 이틀밖에 못 했어요."

"일주일에 이틀이라고? 빙고! 그거야! 그거! 바로 그거라고!"

놀랍게도 들러 팀장은 "빙고!"를 외치며 윙크를 날렸다.

"중요하니까 다시 한번 말하지. 자네는 아주 '잘하고' 있어! 일주일에 무려 이틀이나 조깅을 했잖은가. 대단한 일이지. 조깅을 시작하기 전인 반 년 전에는 한 번도 조깅해 본 적이 없었잖은가. 그런데 지금은 일주일에 이틀이나 일찍 일어나 조깅한 뒤 회사로 출근해 일도 하고. 그런데 왜 '잘하고 있는 일'에 주목하지 않는 거지?"

도대체 무슨 말을 하는 거지? 어쩌면 나의 수준을 얕보고 '치켜세우기' 작전을 펼치는 중인지도 모른다.

"네? 일주일에 겨우 이틀 했는데 '잘하고 있다'고요? 그렇게 물러터져도 되는 건가요? 겨우 그 정도로 만족하면 쓸모없는 인간이 되지 않겠어요?"

"아주 흥미로운 말이군. 료, 자네는 사람이 현재에 만족하면 걸음을 멈춘다고 생각하나?"

"당연하죠."

"그럼, 질문 하나 하지. 자네 인생에서 '내가 발전했구나.'라고 생각했던 경험을 떠올려 보게."

글쎄. 발전했다고 실감한 일이 있었나? 안타깝게도 일하면서 그렇게 느낀 적은 없는 것 같다.

아, 딱 한 번 있었다. 회사에서 신상품을 개발했을 때 신규 고객을 확보하기 위해 영업 전화를 돌린 적이 있다. 처음에는 만나주겠다는 곳이 거의 없었다. 그런데 이야기를 달리해 보고, 목소리에 완급을 주기도 하고, 전화 거는 상대를 홍보부서가 아닌 영업부서로 바꿔 보는 등 여러 가지 방법을 시도하자 돌아오는 반응이 달라졌다. 그 결과 잇따라 방문 약속이 잡히고 다른 사람보다 월등한 매출 실적을 올릴 수 있었다. 그 당시 나는 확실히 발전했다. 거의 3년이 지난 일이지만 말이다.

나는 머뭇거리며 그때의 경험을 들러 팀장에게 이야기했다.

"바로 그거야! 그런 걸 말하는 거야!"

들러 팀장은 호들갑을 떨며 나를 가리켰다.

"그때의 일을 떠올려 봐. 알겠어? 자네는 그때 잇따라 약속이 잡혀서 '잘하고 있는 자신'에게 주목했던 거야. 기분이 어땠지?"

"물론 끝내줬죠."

"자신을 어떻게 생각했나?"

"하면 되잖아! '나도 꽤 재능이 있네!'라고 생각했어요."

"응, 그래. 그래서? '이제 그만할래. 지금만큼만 유지하면 되잖아.'라고 생각했나? 아니면 '좋았어, 더 열심히 해야지! 더 잘할 수 있어!'라고 생각했나?"

나는 문득 깨달았다. 그때 나는 확실히 공격적으로 나갔다.

'좋았어, 더 열심히 해야지! 아직 더 할 수 있어!'

결코 지금까지 실적에 만족하며 하던 일을 멈추지 않았다. 만족할수록 '더, 조금 더!'를 외치며 높은 목표를 향해 나아갔다.

내 눈이 휘둥그레지자 들러 팀장은 득의양양한 표정으로 주먹까지 쥐어 보였다.

"알겠지, 료. 사람은 '자신에게 능력이 있다, 자신에게 가치가 있다.'라는 생각이 들 때 뭐든지 가능해져. 어려움을 극복할 '용기'가 가득해지면 저절로 '더, 조금 더!', '조금 더!'하면서 우월해지려고 하지. 결코 '이쯤에서 그만두자. 지금만큼만 유지하자.'라고 하지 않거든. 표현이 좀 그렇지만 '돼지도 치켜세우면 나무에 오른다.'라는 말이 있어. 능력이 모자란 사람도 치켜세우면 자신의 능력 이상으로 힘을 발휘하지. 어렵게 말하면 '존zone 경험'이나 '플로flow 상태'인 거야."

확실히 그 말이 맞는 것 같다. 사람은 성공 경험을 쌓아 자신감을 얻으면 '더 잘하자, 힘내자.'라는 기분이 드니까. 적어도 나는 그랬다.

그런데, 잠깐!

그것은 제대로 된 성과를 냈기에 얻은 힘이 아닐까? 지금처럼 '일주일에 겨우 이틀 조깅한' 정도로 그렇게 우쭐해지면 안 되는 거 아닌가? 계획보다 터무니없이 적게 이행했으니까 말이다.

"아들러 심리학에서 말하는 '긍정적 주목'이란 '당연한 일'에도 주목하는 거야. 아침에 회사에 간다, 이를 닦는다, 제시간에 회사에 도착한다, 좋은 아침이라고 인사를 건넨다 등등 모두 훌륭하잖은가. 전부 '잘하고 있는' 일들이지."

들러 팀장이 눈을 반짝이며 말을 이었다

"알겠지, 료. 사람이 하는 행동의 95%는 '잘하고 있는' 행동이야. 그런데 우리는 겨우 5%밖에 안 되는 '못 한' 행동에 주목하고 있지. '잘하고 있는' 95%를 무시해 버리는 거야. 그러니 힘이 솟아날 리가 없는 거지. 당연히 의욕도 생기지 않고 말이야."

나는 고개를 끄덕였다.

"자, 온종일 '잘하고 있는 일'이 그렇게 많은데, 그건 전부 '당연한 일'이라고 무시당하고, 아주 작은 '못 한 일'에만 주목하지 말기 바라네. 내 머리라면 어이없어서 작동을 멈춰버릴 거야. 지금 자네가 자신에게 얼마나 몹쓸 짓을 하고 있는지 알겠지? 스스로 의욕을 없애는 어처구니없는 짓을 벌이고 있다고."

확실히 맞는 말이다. 나 스스로 잘하고 있는 95%를 무시하고,

못 하는 5%에만 신경을 곤두세우며 스스로 책망하고 있었다. 그러니 의욕이 샘솟아 나지 않았던 거다. 그런데도 지금까지 단 한 번도 그렇게 생각해 본 적이 없었다.

그런 의미에서 들러 팀장은 정말 대단하다. 아들러 심리학을 아직 완전하게 모르지만 굉장한 것 같다. 나는 들러 팀장과 만난 지 불과 이틀 만에 인생을 재발견하고 있다.

"들러 팀장님 감사합니다! 엄청난 깨달음을 얻었어요!"

나는 허리를 깊이 숙였다. 그리고 고개를 드는데 뭐야? 없잖아! 어디 갔지?

놀랍게도 들러 팀장은 유산균 음료를 팔러 온 아주머니의 손수레로 돌격해 우유푸딩 두 개를 집어 들고 있었다. 그러더니 나를 보며 크게 고함쳤다.

"알겠어? '잘하고 있는 일'에만 주목하는 거야. 이제 '못 한 일'에는 주목하지 마! 자네에게 내주는 숙제야! 알았지?"

아들러
심리학
들여다보기

'용기'의 유무와 '유익' 또는 '무익'의 관계

아들러 심리학은 일명 '용기의 심리학'이라 불린다. 사람에게 용기가 있으면 어려움을 극복하고자 노력하고 학습, 협조 등 '유익'한 행동을 선택한다. 용기가 결핍되면 어려움에서 벗어나 더 안이한 길, 다른 사람에 대한 공격, 다른 사람을 탓하는 변명, 심지어 인간관계나 어려움에서 도망치는 등 '무익'한 행동을 선택한다는 개념이다.

아들러는 자신의 체험을 바탕으로 용기에 관하여 두 가지 중요한 말을 남겼다.

"나는 스스로 가치 있다고 생각될 때만 용기를 가질 수 있다."

"나의 행동이 주위 사람들에게 도움이 된다고 생각될 때만 내가 가치가 있다고 여겨진다."

이를 하나로 합치면 다음과 같은 의미가 된다.

"사람은 자신이 주위 사람들에게 공헌하고 있음을 실감할 때, 자신의 가치를 인정하고 용기를 낸다."

다음에 더 자세히 설명하겠지만, '주위 사람들에게 공헌'하고 싶다는 생각과 행동은 바로 '공동체 감각'이다. 즉 '용기'와 '공동체 감각'은 각각 독립된 두 개의 축이지만, 동시에 상호의존 관계이기도 하다. 이 책에 등장하는 주인공 료도 나중에 이 사실을 깨닫는다. 사람의 성장은 '용기'에서 비롯된다. 과연 료는 용기를 얻을 수 있을까?

✦ 2장 ✦

실수를 외면할 수는 없어요

우리에게 일어난 사건이나 일은 모두 '입체적'이다. 단 하나로 평가하고 단정 지을 수 없다는 말이다. 어느 관점에서 어떻게 생각하느냐에 따라 다른 면이 보인다. 실수나 잘못도 마찬가지다. 이미 벌어진 실수의 결과에 집중하지 말고, 먼저 실수를 인정하자. 그리고 그것이 불러오는 긍정의 효과를 알아보자. 분명 새로운 에너지를 얻을 수 있다.

★ 아들러 심리학 가르침 ★

다각도에서 의미를 부여해 보고,
긍정적인 면에 주목한다.

'아, 오늘도 늦잠을 자는 바람에 조깅하러 못 나갔네. 젠장, 런스테이션 월회비만 아깝게 됐어. 의지력이 강한 들러 팀장은 분명 달리고 있겠지?'

만원인 비좁은 전철 안에 끼어 내 머릿속은 온통 이런 생각으로 가득했다.

그때 양손에 우유푸딩을 움켜쥔 들러 팀장의 얼굴이 떠올랐다.

"료. 못 한 일에 주목하지 말고 잘하고 있는 일에 주목하는 거야."

그렇게 하기로 했건만 또 못 한 일에만 주의를 쏟고 있다니. 오늘도 지각하지 않고 회사에 가고 있지 않은가. 이도 깨끗이 닦고 나왔다. 고객이 보낸 메일에 아침 일찍 답장도 보냈다. 정장 바지에도 칼주름이 잡혀 있다.

나는 확실히 잘하고 있는 일이 훨씬 더 많다.

그렇게 잘하고 있는 일을 하나하나 꼽아보니 기분이 확 좋아졌다. 나는 그동안 자책만 했다. 그것이 내 의욕을 높이는 유일한 방법이라고 생각했기 때문이다.

하지만 말도 안 되는 헛수고만 한 것이다. 의지를 불태우고자 한 자책이 오히려 의욕을 빼앗고 있었다. 있는 힘껏 브레이크를 밟으면서 동시에 액셀을 세게 밟는 꼴이나 다름없다. 그렇게 다루면 나 자신이 망가질 게 뻔하다.

후유. 다행이다. 이제라도 마음을 고쳐먹고 있으니. 들러 팀장을 만난 지 겨우 이틀 만에 엄청난 가르침을 받은 기분이다.

“어때? 료, 숙제는 잘하고 있나?”

사무실에 도착해 책상에 앉으려는 나에게 들러 팀장이 윙크를 날렸다.

‘행동은 마치 옛날 사람 같아!’

나는 속으로 한마디 하고는 “네.”라고 대답했다.

들러 팀장은 활짝 웃으며 양손의 엄지손가락을 척 치켜세웠다.

나는 어색한 미소로 답했다.

그때 영업사무 담당인 리카의 목소리가 들려왔다.

“료! 로열자동차의 세코 과장님 전화야! 굉장히 가시 돋친 목소리인데. 빨리 받아 봐.”

불길한 예감이 들었다. 나는 깜빡이는 버튼을 누르고 전화를 돌렸다.

“네, 전화 바꿨습니다. 네? 그, 그게 정말입니까? 죄, 죄송합니다. 네. …네. 정말 죄송합니다. 네. 죄송합니다.”

나는 움츠러드는 심장을 움켜잡으며 전화기를 들고 고개를 푹 푹 숙여 사죄했다.

전화를 끊자 리카가 걱정스럽게 물었다.

“료, 무슨 문제라도 생겼어? 괜찮아?”

“내가 깜빡하는 바람에…. 들러 팀장님 죄송합니다. 터무니없는 실수를 저질렀어요.”

우리 영업 1과의 주요 고객인 로열자동차로부터 온라인 광고 계약 건을 따낸 것은 지난달의 일이었다. 그런데 내가 깜빡하고 세코 과장이 요청한 광고 제작 포인트를 크리에이티브 부서에 전달하지 않은 것이다. 그래서 세코 팀장이 기대하던 바와 전혀 다른 광고가 완성되었다.

"도대체 너희 회사는 어떻게 돼먹은 거야? 지금부터 다시 만들기에는 늦었다고! 됐어, 이번 일은 취소하겠어. 다른 대리점을 알아볼 테니까 다시는 찾아오지 마."

나는 들러 팀장에게 경위를 설명하고 다시 한번 고개 숙였다. 이번 취소로 영업 1과뿐만 아니라 아니, 회사 전체 매출에 큰 구멍이 뚫렸다. 그뿐만이 아니다. 대대로 선배들이 실적과 신뢰를 쌓아온 우리 회사의 큰손 고객에게 출입 금지령을 받았다. 회사에서도 간단히 넘어갈 문제가 아니었다.

나는 들러 팀장 앞에서 고개를 들 수 없었다. 아무리 상냥한 들러 팀장이라도 틀림없이 화가 잔뜩 났을 터이다. 그러나 예상과 달리 들러 팀장은 내 가방을 챙겨 내밀며 말했다.

"자, 우물쭈물할 겨를이 없어. 같이 가자고. 위기는 곧 기회인 법이야. 그러고 보니 세코 씨가 과장이 되었구먼. 미국에서 돌아왔다고 언제 한번 인사하러 가야지 했는데, 마침 잘됐군. 축하 인사도 해야겠어. 자, 가자고!"

들러 팀장이 영업사원으로 일하던 시절, 세코 씨도 신인 홍보 담당자였다고 한다.

심각한 표정으로 고개 숙여 사죄하는 내 옆에서 두 사람은 서로 포옹을 나누었다. 세코 과장의 목소리가 들떠 있었다.

“들러 씨, 정말 반습니다! 미국에서 돌아왔군요. 둘이서 또 신바시에 있는 대폿집에 가야죠!”

그로부터 두 시간 후 최악의 결말은 막았다. 들러 팀장 덕분에 간신히 출입 금지를 면한 것이다. 하지만 이미 취소된 계약은 돌아오지 않았다.

잔뜩 풀이 죽은 나를 바라보던 들러 팀장의 눈이 반짝였다.

“료. 벌써 숙제를 잊었어? ‘못 한 일이 아니라 잘하고 있는 일에 주목하기’로 했잖나. 기억하지?”

그러고는 구운 돼지고기를 얇게 썰어 올린 차슈면을 ‘후루룩’ 먹기 시작했다. 그의 이마에는 구슬땀이 잔뜩 맺혔다. 개화기 이후에 문호들이 즐겨 썼던 작고 동그란 안경이 뿌옇게 됐다.

“그렇긴 한데요. 이번 같은 큰 실수를 외면할 수는 없어요. 아무리 해도 ‘실수’라는 말밖에 떠오르지 않아요. 머릿속에서 지울 수가 없어요.”

“오호라, 자네는 이번 일을 ‘실수’로 생각하는구먼.”

“당연하잖아요. 이게 실수가 아니면 뭐죠?”

“나는 그렇게 생각하지 않아. 이건 자네에게 훌륭한 ‘경험’이지. 잘됐잖은가! 이로써 자네는 실수의 중대성을 깨닫고 세코 과장의 마음을 더 잘 알게 됐으니까. 이게 다 이번 일을 경험한 덕분 아니겠어! 잘된 거야!"

들러 팀장이 도대체 무슨 소리를 하는가 싶었다. 그러나 그 말을 곱씹어보니 일리가 있었다.

그래서일까. 마음이 조금 가벼워졌다.

"실수가 아니라 경험이란 말인가요? 그렇게 생각할 수도 있겠네요."

경험으로 받아들이면 되겠다는 생각에 안도감이 드는 찰나, 어물쩍 넘어갈 일이 아니라는 생각이 들었다. 좀 억지스러운 주장이 아닌가. 이미 벌어진 사실을 왜곡해서는 안 될 것 같았다.

"뭔가 생각하는 바가 있는 모양이지? 자네는 속마음이 전부 표정에 드러나는구먼."

들러 팀장이 싱글싱글 웃었다. 아무래도 내가 면발을 젓가락으로 집으면서 인상을 찌푸렸던 모양이다. 괜히 부끄러워졌다.

나는 젓가락에 끼워진 면을 얼른 후루룩 먹고는 대답했다.

"팀장님. 그건 너무 억지스럽지 않나요?"

"그래. 자네는 억지라고 생각하겠지. 이미 벌어진 일을 경험이라고 하니까 말이야."

"네. 그렇게 생각해요. 너무 억지스러워요."

"혹시 자네 원뿔 아나?"

“네. 알지요. 초등학생 때 배웠어요. 바닥은 원이고 위로 갈수록 가늘어지다가 꼭대기는 바늘 끝처럼 뾰족한 모양이죠.”

“맞아. 그럼 질문 하나 하지. 원뿔을 바로 옆에서 보면 어떤 모양으로 보일까?”

“삼각형이요.”

“빙고!”

들러 팀장은 또 윙크를 날렸다. 나는 이제 그의 소소한 동작에 신경 쓰지 않기로 했다.

“그럼 원뿔을 들어 바닥 쪽에서 보면 어떤 모양으로 보이지?”

“어, 그게. 원이요.”

“정답이야!”

앗, 그렇구나. 나는 무릎을 ‘탁’ 쳤다. ‘그런 뜻이구나.’ 하고 깨달았다.

“이제 깨달은 모양이군. 원뿔은 옆에서 보면 삼각형으로 보이지. 하지만 바닥에서 보면 원이야. 그럼 어느 쪽이 진짜고, 어느 쪽이 가짜일까? 그래. 둘 다 진짜지.”

그렇구나. ‘실수’도 진짜이고 ‘경험’도 진짜다. 둘 중 어느 쪽에 주목할지는 내가 결정할 수 있다.

‘실수’를 외면하는 것이 아니라 ‘실수’를 바라보는 시간을 줄이면 된다.

그만큼 '경험'이라는 면에 주목하는 시간을 늘리는 것이다.

그렇게 하는 편이 훨씬 더 힘이 솟는다. 만회할 힘이 솟아난다. 그런 말이었다.

"팀장님, 이해했어요! 이번 일은 '실수'라는 측면도 있지만 '경험'이라는 측면도 있다, 둘 다 진짜다, 억지로 '경험'을 갖다 붙인

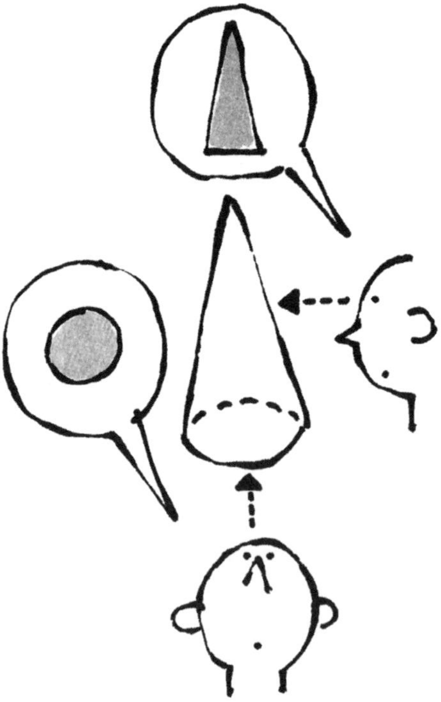

것이 아니다. 그리고 어느 쪽에 더 주목할지는 내가 결정할 수 있다 이 말씀이죠?"

"바로 그거야. 사람이 어려움이라는 오르막길을 오르려면 마음의 연료가 필요하지. 아들러 심리학에서는 이것을 '용기'라고 해. 어려움을 극복하는 활력, 즉 마음의 연료가 용기지."

들러 팀장은 국물을 한 스푼 떠 후루룩 빨아들였다.

"만약 자네가 이번 일로 '실수'라는 측면에만 주목하면 마음의 연료인 용기가 그만큼 줄어들겠지. 그 결과 자네는 그것을 만회할 힘을 빼앗기는 거야."

꿀꺽 넘어가 는 소리가 나는가 싶더니 이내 말을 이었다.

"하지만 자네가 똑바로 '경험'이라는 측면에 주목하면 마음의 연료인 용기가 커지지. 즉, 확실하게 만회할 힘을 충전 받는 거야. 자, 자네는 어느 쪽을 선택하고 싶지?"

지난번에는 들러 팀장에게 '잘하고 있는 일'에 주목하라고 배웠다. 이번 로열자동차 건은 '잘하고 있는 일'이 전혀 없었다. 하지만 다른 측면에서 보면 '잘하고 있는 일'을 발견할 수 있다는 점을 배웠다. 원뿔을 옆이나 앞에서 뿐만 아니라 바닥에서도 보는 것이다. 그렇게 '다각도'로 보면 반드시 '잘하고 있는 일'을 발견할 수 있다.

발견했다면 그 부분을 계속 주시한다. 그렇게 '못 한 일'에 주목하는 버릇을 조금씩 바꾸어 가면 된다. 나는 또다시 무릎을 '탁' 치며 소리쳤다.

"팀장님, 이제 알겠어요! 저는 로열자동차 건에서 실수라는 멋진 '경험'을 한 거예요!"

시원하게 차슈면을 한 젓가락 쭉 빨아먹고 보니 들러 팀장이 자리에 없다. 어라? 순간이동이라도 한 거야? 어디 갔지?

어느새 주방 입구에서 하얀 요리사 모자를 쓴 요리사와 웃으며 포옹을 나누는 그의 모습이 눈에 들어왔다.

들러 팀장은 유창한 중국어로 이야기를 나누면서 요리사가 건넨 작은 접시를 받아들더니, 두툼하게 자른 기름기 가득한 차슈면을 먹기 시작했다. 두 사람 모두 함박웃음을 짓고 있었다.

"어이, 료. 이 가게에서는 라면 말고 꼭 차슈면을 시켜야 해. 차슈면은 다이어트의 적이라고 할 수 있지만, 다른 측면에서 보면 정신 건강에 최고로 좋거든."

그리고 한숨 돌리더니 계속해서 말을 이었다.

"알겠지? 어떤 일이든 '다각도'에서 의미를 부여해 보는 거야. 그리고 긍정적인 면에 주목하는 거지. 알았나! 차슈면을 절대 잊지 말라고!"

아들러
심리학
들여다보기

리프레이밍reframing으로 의미를 부여한다

현재 우울 심리상담에서 주류를 이루는 기법으로 '인지행동치료'가 있다. 이 기법의 이론적 배경을 확립한 사람 중 한 명이 심리학자 '알버트 엘리스'이다. 그는 아들러에게 강한 영향을 받았으며 북미아들러심리학협회 회원이기도 하다.

이번 장에서 들러 팀장이 말한 '다각도에서 의미를 부여하는' 기법은 일반적으로 리프레이밍(인지의 틀Frame을 다시Re 설정한다는 의미)으로 불리며, 엘리스가 제창한 ABC 이론을 이어받은 것으로 본다.

엘리스는 '선행사건Activating event'은 사람마다 다른 각각의 '신념Belief'에 근거해 '인지Cognition'를 규정한다고 생각했다. 따라서 '무익'한 감정과 행동을 바꾸려면 '사건'이 아닌 '비합리적 신념Irrational Belief'을 '합리적 신념Rational Belief'으로 바꿔야 한다는 것이다. 그 기법이 바로 이번에 소개한 리프레이밍이다.

이러한 사고방식은 아들러 심리학의 핵심 그 자체라고 할 수 있다. 따라서 엘리스를 비롯한 아론 벡이 체계화한 인지행동치료는 아들러의 개념을 활용하기 쉽게 만든 기법이라고 할 수 있다.

✦ 3장 ✦

긍정의 마인드를 외치는 데 지쳤어요

눈앞에 벌어진 상황에 대한 자기감정에 솔직해지자. 불만족스러운 상황에서 무조건 인내로 참아내려 한다면 역효과를 불러올 수 있다. 상황은 바뀌지 않고 보편적 진실은 변하지 않기 때문이다. 차라리 솔직하게 인정하고 개선의 방향을 찾는 게 현명하다. 자기 안의 불만스러운 점을 분명히 알아야 빠져나갈 구멍이 보인다.

★ 아들러 심리학 가르침 ★

억지로 긍정적인 생각을 하지 않는다.
부정적인 자신도 바라보자.

'휴우, 오늘도 전철이 장난 아니게 붐비는군. 아, 우울하다.'

전철 안에서 답답한 한숨을 쉬는 순간 들러 팀장이 내준 두 번째 숙제 '다각도로 보는 리프레이밍'이 떠올랐다. 나는 재빨리 나를 타일렀다.

'지긋지긋하지 않아! 전철을 타고 이동하는 동안은 생각에 잠기기 가장 좋은 시간이니까. 책도 읽을 수 있고. 정말 행복하잖아!'

그런 생각을 하는 순간에도 부정적인 마음이 뭉게뭉게 피어올랐다.

'뭐라는 거야. 만원 전철이 좋을 리 없잖아. 당연히 기분이 최

악이지.'

그러나 나는 부랴부랴 마음을 다시 다잡아 보려고 했다.

우선 다각도로 생각해본다. 그리고 긍정적인 면에 주목한다. 들러 팀장에게 그렇게 배우지 않았는가.

'최악이라니, 생각이 틀려먹었어. 나는 행복해! 기분 좋은 아침이야! 출퇴근 시간은 최고로 즐겁다고!'

휴우~. 너무 억지스럽지 않은가. 아무리 책을 읽을 수 있는 시간이 주어진다지만. 다각도로 의미를 부여하면 좋은 것들이 많은 건 사실이지만.

그보다 불쾌하고 힘들다는 생각이 압도적으로 컸다. 전혀 책을 읽을 기분이 들지 않는다. 왠지 나 자신에게 거짓말을 하는 것만 같다.

시선을 돌리자 조금 떨어진 곳에 들러 팀장이 보였다.

키가 150cm도 채 안 되는 들러 팀장은 만원 전철의 인파에 완전히 매몰되어 있었다. 머리 높이는 다른 승객의 가슴이나 배 언저리밖에 닿지 않았다. 무척이나 힘들고 불쾌하겠다 싶던 그때, 들러 팀장이 중얼거리는 말이 들렸다.

"휴우. 만원 전철은 '너-무-싫-어!' 최악의 기분이야."

나는 내 귀를 의심했다.

'뭐라고! 지금 최악의 기분이라고 한 거야? 내게는 부정적인 소리는 하지 말라고 했었잖아. 지금까지 한 이야기는 전부 거짓말이란 말인가?'

들러 팀장을 존경한 내가 바보 같았다.

이 사람도 결국 그 정도밖에 되지 않았나? 나는 바람 빠진 풍선처럼 허탈한 기분이 들었다.

전철이 도쿄역에 도착하자 들러 팀장은 콩나물시루 같은 열차에서 내리는 사람들에게 떠밀려 승강장으로 나왔다. 그리고는 나를 발견하자마자 곧바로 군대식 경례 자세를 취했다. 나도 대충 인사로 답했다.

"안녕하세요."

하지만 내 말투에 약간 가시가 돋쳐 있었다.

함박웃음을 띤 들러 팀장을 보며, 나의 머릿속에 '언행 불일치'라는 말이 떠올랐다.

'리더란 자고로 말과 행동이 달라서는 안 되는 법.'

그런 생각에 무심코 공격적인 말이 튀어나왔다.

"팀장님. 제가 들었는데요, 방금 전철에서 '최악의 기분'이라고 중얼거리지 않으셨나요?"

들러 팀장이 나를 물끄러미 봤다.

"팀장님은 항상 '부정적인 면에 주목하지 말고 긍정적인 면에 주목'하라고 하셨잖아요. 그랬으면서 팀장님은 부정적인 발언을 하시네요. 그래도 되는 건가요?"

사람들로 넘쳐나는 역 승강장에 멈춰 서서 나는 들러 팀장에게 거세게 따지고 들었다.

들러 팀장은 지나가는 사람에게 자꾸 부딪히자 내 팔을 잡아끌었다.

"아, 죄송해요. 이런 데서 할 얘기는 아니었네요."

나는 급히 사과했다.

우리는 사무실을 향해 가면서 이야기를 이어갔다.

"자네는 참 대단하군. 그렇게 꽉 찬 만원 전철을 '최악'이 아니라 긍정적으로 생각하다니 말이야. 나는 자꾸만 '최악'이라는 말이 나오던데."

"팀장님. 그래도 되는 거예요? 언행 불일치 아닌가요?"

"응? 어떤 점에서? 나의 어디가 언행 불일치라는 거지? 설명 좀 해 주겠어?"

들러 팀장은 갑자기 우뚝 멈춰 섰다.

그러자 바로 뒤에서 따라오던 사람과 부딪히고 말았다. 그는 “아이, 씨….” 하고는 앞질러 갔다.

들러 팀장은 쾌활한 목소리로 “미안합니다!”라고 외쳤다.

우리는 다시 걸음을 옮겼다.

“자네는 ‘주목’한다는 게 무슨 의미인지 아나?”

“알죠. 가만히 쳐다보는 거잖아요.”

“빙고!”

늘 그러하듯 들러 팀장이 윙크를 날렸다.

“잘 들어. 나는 ‘주목하지 말자’고 했을 뿐이야. 보는 것 자체가 안 된다고는 하지 않았지?”

맞다. 그랬다. 확실히 그렇게 말한 적은 없다. 나는 ‘주목’과 ‘보다’를 혼동하고 있었는지도 모른다.

분명 들러 팀장은 ‘부정적인 면에 주목하지 말고 긍정적인 면에 주목’하라고 말했다.

그런데 나는 그 말을 ‘부정적인 면을 보지 말고 외면하라.’라고 왜곡했는지 모른다.

들러 팀장의 얼굴에는 시종일관 웃음이 떠나지 않았다.

“자네와 나는 만원 전철에서 불쾌한 기분이 들었어. 그건 당연

한 일이지. 그리고 불쾌함을 느꼈다면 상황을 똑바로 본 거야. 그렇지만 주목하지는 않아. 계속 쳐다보지 않는다는 말이지."

들러 팀장은 빠르게 걸으며 말을 이었다.

"그보다도 '자, 이 시간에 무엇을 할 수 있을까? 생각에 잠겨볼까? 책이라도 읽을까?' 그렇게 긍정적인 측면에 시간과 마음을 기울이는 거야. 얼마든지 우리의 의지로 정할 수 있는 일이지. 하지만 쉽지는 않아."

들러 팀장은 잠깐 말을 멈추고 나를 진지하게 봤다.

"지금부터 중요한 이야기를 할 텐데 준비됐어? 주의 깊게 들어야 해."

들러 팀장은 오른손 검지를 세워 좌우로 흔들었다.

"부정적인 감정을 억누르면 안 돼. 없던 일로 해서는 안 된단 말일세. '부인', '억압', '왜곡'하지 말고 있는 그대로, 그 자체를 똑바로 보는 거야. 자신에게 솔직해야 해. 이건 아주 중요한 일이지. '아, 나는 지금 불쾌해.'라든가 '화가 나. 화가 치밀어 올라.'라든가."

내가 알 듯 모를 듯한 표정을 짓자 그가 말을 이었다.

"그걸 못 본 척하면 안 되고 똑바로 인정해야 하지. '자기 개념'과 '자기 경험'을 일치시키는 것! 이것을 심리상담에서는 '자기 일치'라고 하는데, 아주 중요한 요소야."

들러 팀장은 이것이 아들러의 영향을 받은 칼 로저스라는 심리학자가 한 말이라면서 우리의 정신 건강에도 굉장히 중요하다고 했다.

'부인', '억압', '왜곡'. 나는 이 세 가지를 다 했던 것 같다.

'만원 전철은 불쾌하지 않다. 최고다.'라고 '부인'하고 '억압'하며 '왜곡'했다. 이렇게 생각하면서도 너무 억지스럽고 부자연스럽다고 느꼈다. 왠지 스스로 거짓말을 하는 찜찜한 기분이 들었던 것이다.

그야말로 정신 건강을 해치는 상황이었다. 만약 그런 식으로 자신을 억누르고, 거짓말하고, 진심을 계속 가두어 둔다면 틀림없이 스트레스로 병이 난다. 그러니 그렇게 해서는 안 되는 일이었다.

"팀장님, 잘 알겠어요. 하지만 부정적인 기분을 그저 '보기'만 하고, 지그시 '주목'하지 않을 자신이 없어요. 그동안 저는 무의식적으로 부정적인 면에만 '주목'했으니까요. 부정적인 면에 '주목'하지 않으려 해도 '주목'하게 될 때는 어떻게 하면 좋을까요? '하지 마, 그러면 안 돼, 주목하면 안 돼.'라고 스스로 타일러야 할까요?"

쯧, 쯧, 쯧!

들러 팀장은 혀를 차며 오른손 검지를 세워 좌우로 흔들었다.

"농, 농, 농!"

어라, 이번에는 프랑스어인가?

"자넨 '자기 일치'를 벌써 잊어버렸군. 그러지 못한 자신을 '부인', '억압', '왜곡'하지 말고, 있는 그대로 인정하고, 자신에게 솔직해져야 한다고 방금 말했잖나."

아차, 그랬지. 그럼 어떻게 하면 좋을까.

"그냥 보는 거야. 일절 평가하지 말고 '또 그러네.'라는 식으로 말이야."

들러 팀장이 호들갑스럽게 윙크를 날렸다. 출근길을 재촉하던 여성이 우연히 옆을 지나가다 그 모습을 보고 얼굴을 찡그렸다. 요즘 세상에 누가 윙크를 날리겠는가.

사실을 있는 대로 인정하라고?

"아, 또 그러네."

나는 소리 내어 말해 보았다. 그러자 마음이 조금 가벼워지는 듯했다.

나는 복습할 요량으로 한 걸음을 뗄 때마다 한마디씩 내뱉어 보았다.

"휴우. 만원 전철은 정말 싫다!"

한 걸음 내딛고.

“아, 또 부정적인 면에 주목하고 있네.”

한 걸음 더.

“또 그러네. 뭐, 아무렴 어때?”

또 한 걸음.

“만원 전철은 불쾌하지. 그래도 이 시간을 낭비하고 싶지 않으니 유의미하게 활용하자. 책이라도 읽을까? 생각에 잠겨볼까? 시간을 의미 있게 쓰는 쪽에 주목해 보자.”

나는 말을 마침과 동시에 두 다리를 모으고 가볍게 점프했다.

왠지 몸과 마음이 가벼워진 것 같았다. 소리 내어 한 세트 시험해 본 나는 시험 결과를 확인하듯 들러 팀장을 힐끗 쳐다보았다.

“팀장님, 저 잘했나요?”

“빙고! 빵야!”

들러 팀장은 엄지손가락을 치켜세우더니 곧바로 권총을 쏘는 시늉을 했다. 다행이다. 정답인 모양이다. 그래. 이런 식이라면 자연스럽게 할 수 있을 것 같다. 뭐, 아무렴 어떠한가. 그렇게 중얼거리면 그만이다.

우리는 사무실에 도착했다. 엘리베이터에서 내려 영업 1과 자리로 향했다.

"좋은 아침!"

걸음을 옮기며 인사를 건네던 들러 팀장은 곧바로 머그잔을 들고 커피머신으로 향했다.

호록, 호로록.

들러 팀장은 항상 할머니가 녹차를 마시듯 홀짝홀짝 커피를 마신다.

"아, 맛나네. 아침엔 역시 커피 아이가. 여기에 모닝 디저트 한 입 가득 딱 묵으면 오늘도 최고의 하루가 된다 안카나."

구수한 사투리로 흥겹게 말하더니 책상 위 화과자 상자로 손을 뻗었다. 그리고 일이 터졌다.

"어? 이게 어떻게 된 일이지? 리카, 여기 있던 밤파이 어디 갔어?"

"거래처에서 받은 화과자 말인가요? 어젯밤에 야근하던 하야시랑 다른 사람들이 배고프다면서 열심히 먹던데요."

"어, 어떻게, 그럴 수가! 내가 얼마나 기대했는데. 바, 밤파이. 밤파이!"

애도 아니고 다 큰 어른이!

들러 팀장은 의자에 앉은 채 고개를 숙이고 중얼거렸다.

"나는 지금 화가 난다. 리더란 자고로 그깟 밤파이 하나에 화를 내면 안 되는 법. 그런데 어쩔 수 없잖아. 짜증이 나니 부정적인 자신을 인정하자. 아무렴 화가 날 수도 있지. 나도 인간인걸. 그래도, 아무리 그래도 후….”

크크크.

나는 필사적으로 터져 나오는 웃음을 참았다.

갑자기 들러 팀장이 튕기듯이 일어나 큰 목소리로 외쳤다.

“그래! 이 일을 끝내고 점심시간에 맛있는 밤파이를 사러 고토부키도에 가겠어. 좋았어, 목표가 생겼어! 무지하게 일할 의욕이 솟아나는걸.”

그리고 나를 향해 엄지손가락을 세우며 말했다.

“료, 부정적인 감정을 억누르면 안 돼. 억지로 긍정적인 척하면 안 돼. 부정적인 자신을 보는 거야. 그리고 인정하는 거지. 그런 다음 긍정적인 측면을 더 오랫동안 보는 거야. 이게 다음 숙제야. 잊지 말라고!”

아들러
심리학
들여다보기

자신에게 거짓말하지 않는 '자기 일치'

칼 로저스는 '상담자(내담자) 중심 치료'로 현대 심리상담의 초석을 닦은 사람이다.

에드워드 호프먼의 저서 《아들러 평전The Drive for Self: Alfred Adler and the Founding of Individual Psychology》에는 로저스와 아들러가 교류하는 모습이 나온다.

"나(로저스)는 아들러 박사의 아이와 부모에게 직결된, 매우 직접적이고 속았다 싶을 정도로 단순한 방식에 충격을 받았다. 내가 아들러 박사에게서 얼마나 많은 것을 배웠는지 인식하는 데는 다소 시간이 걸렸다."

로저스는 논문에서 경청의 세 가지 조건을 말한다. '자기 일치'와 '공감적

이해’ 그리고 ‘긍정적 배려’이다. 우리는 제1장과 제2장에서 ‘긍정적인 주목’과 ‘리프레이밍’을 배웠다. 그러나 이러한 기법을 활용할 때 우리는 실수를 저지르기도 한다. 이번 장에서 다룬 ‘억지스러운 긍정’처럼.

마음과 몸, 의식과 무의식을 하나로 여기는 ‘전체론’은 아들러 심리학의 주요 이론이다. 아들러 심리학과 로저스가 생각한 ‘자기 개념’과 ‘자기 경험’을 일치시키는 ‘자기 일치(일치성)’는 통하는 바가 많다고 할 수 있다. 자기 일치로 긍정적인 주목과 리프레이밍하는 것. 료는 이를 명심하면서 거짓 없이 참된 용기 북돋우기에 들어간다.

✦ 4장 ✦

해야 할 일이 산더미처럼 쌓였어요

이제껏 자기가 원하는 대로 살아보지 못했다고 하는 사람이 많다. 부모나 사회적 요구에 의해 여기까지 왔다고 한탄한다. 정말 그럴까? 아들러는 어쩔 수 없는 선택이라도 결국 자기 결정에 의한 결과라고 단언한다. 그 선택을 안 하려고 했다면 완강하게 거부했어야 한다는 것이다. 그러므로 강압적 요구에 의한 결정이라 하더라도 결국 '자기 선택'이라는 것이다.

★ 아들러 심리학 가르침 ★

하기 싫으면 그만둔다. 하고 싶으면 한다.
'시켜서 한다'라고 거짓말하지 않는다.

"료, 도자이전철의 무로야마 과장에게서 전화 왔어! 어제 부탁한 메일에 답장이 없다고 하던데. 약간 화가 나신 것 같아."

이런. 답장 보내는 것을 깜빡했다.

"네, 전화 바꿨습니다. 죄송합니다. 네. 바로 보내 드리겠습니다."

아차. 또 실수를 저질렀다. 순간 못난 나를 인정하고 싶지 않다는 '부인'과 '나는 잘못하지 않았다. 어쩔 수 없었다.'라는 '왜곡'이 머릿속을 스쳤다.

누구나 실수를 하는 법이다. 그럴 때는 무리하게 '부인', '억압', '왜곡'하지 않고, 있는 그대로 부정적인 측면을 멍하니 바라보면 된다. 들러 팀장에게 그렇게 배우지 않았는가. 들러 팀장이 내준 세 번째 숙제를 할 기회가 온 셈이다.

'또 실수를 저질렀네. 난 어릴 때부터 자주 깜빡깜빡하던 편이니까. 그럴 때도 있지.'

오, 마음이 조금 편안해지는걸.

'어쩔 수 없었어. 내가 잘못한 게 아니야.'라고 '왜곡'하거나, '내가 실수할 리가 없는데.' 하고 '부인'하지도 않았다.

'실수할 때도 있지. 나도 사람이니까.' 그래, 인정하자.

좋아, 마음이 가벼워졌어.

마음을 다잡고 일을 하려니 해야 할 일이 산더미다. 나는 해야 할 일 목록을 써 내려갔다.

- 도자이전철에 미디어 비교 자료를 보내기
- 로열자동차에 게재한 광고 효과 분석 데이터를 보내기
- 경리과에 교통비 영수증을 제출하기

- 사내 기획서 대회에 낼 기획서 만들기
- 고세이전기에 보낼 제안서 만들기

'어휴. 이렇게나 할 일이 많다니. 도저히 오늘 안에 끝낼 수 없을 것 같다. 하기 싫어지는구나. 다 내팽개치고 맥주나 마시러 가고 싶다.'

그래봤자 나만 더 힘들어질 게 뻔하다. 기지개를 쭉 펴는데 들러 팀장이 내준 숙제 '부정적인 측면을 그저 본다'가 생각났다.

하기 싫어, 지금 나는 그렇게 생각하는구나. 그럴 수도 있지. 뭐, 어때.

앞으로 해야 할 일도 많지만, 이미 끝내 둔 일과 잘하고 있는 일도 많지 않은가. 그 기획서도 만들었고, 그 메일에도 답장했다.

나, 제법 열심히 하고 있잖아. 맞아, 그렇네. 좋았어. 마음이 조금 가벼워지는걸. 용기도 점점 차오르고 있어. 자, 어디 한번 산처럼 수북이 쌓인 일을 시작해 볼까.

'도, 도저히 안 되겠다. 산이 너무 높다. 자신을 긍정하고 인정하여 용기로 바꾸었다고 해도, 할 일은 너무 많고 산은 너무 높다. 이 좌절감 앞에 무릎을 꿇어야 하는가. 어떻게 하면 좋을까?'

"료. 자네는 마음을 속이지 못하는 사람이구먼."

들러 팀장이 한쪽 팔꿈치를 다른 팔로 짚으며 나를 봤다. 옆자리에 앉아 있던 하야토 선배도 웃고 있었다. 나는 갑자기 정신이 번쩍 들어 스스로 돌아보았다.

이게 웬일인가. 오른손에 펜을 쥔 채 왼손으로 할 일 목록을 움켜쥐고 한숨을 푹푹 내쉬고 있었다. 꼭 만화 속 주인공처럼.

"알아, 료. 할 일이 너무 많아서 우울하지? 나도 마찬가지야. 할 일이 산더미처럼 쌓여서 눈사태가 일어날 지경이라니까. 보고 있으면 그저 우울해지고."

하야토 선배의 말에 들러 팀장은 불룩 튀어나온 배에 두 손을 올린 채 어허허, 어허허 웃었다. 마치 동화 속 나무꾼 할아버지를 연상시키는 반응이다. 정말 옛날 사람처럼 반응한다. 일부러 그러는 것처럼 보이기도 한다.

"둘 다 그렇게 하기 싫으면 안 하면 되잖아!"

그 말에 하야토 선배가 먼저 반색을 표했다.

"어? 팀장님, 정말 안 해도 돼요? 앗싸, 횡재했다! 그럼 저는 가와하라 제빵에 보낼 제안서에서 손 떼도 되겠네요. 팀장님께서 대신해 주실 건가요?"

"아니, 안 할 건데."

"그럼 누가 하죠?"

"그야 나도 모르지. 아무도 안 해 주겠지. 자네가 하지 않으면 누가 하겠나?"

들러 팀장은 속수무책이란 듯 두 손바닥을 위로 향한 채 어깨 올렸다 내렸다.

"에이, 뭐예요. 역시 제가 해야 하잖아요. 조금 전에는 왜 그렇게 말씀하신 거예요?"

나도 같은 의문이 들었다. 왜 들러 팀장은 그런 말을 했을까? 분명 '하기 싫으면 안 하면 된다. 억지로 할 필요는 없다'라고. 정말 무책임한 말 아닌가.

"오호라. 하야토. 자네는 가와하라 제빵에 보낼 제안서를 만들고 있군."

"네. 아무도 안 해 주니까 어쩔 수 없이 제가 해야죠."

"그럼 자네는 그 일을 '하고 싶은' 거로군."

"아, 아니. 그다지 '하고 싶은' 것은…."

"'하고 싶지 않은' 게로군. 그럼 하지 말게나. 안 하면 되잖아."

"아니, 그래도 '해야 하니까'요."

"응? 재미있는 소리를 하는구먼. 누가 정했나? 누가 자네에게 시켰지?"

"네? 누가 시켰냐고요? 가와하라 제빵의 홍보 과장님이…."

"정말 그런 거야? 그가 자네의 상사라도 되나? 아니면 판사님이신가? 자네가 싫으면 거절하면 그만이지."

"네? 무슨 말씀이세요? 그랬다가는 화가 나서 광고 계약을 취소할 거예요."

"그게 무슨 문제야? 취소하게 두면 되지."

"아니, 그러면 매출도 제 영업 성적도 떨어져서 모두에게 폐를 끼치잖아요."

"그래서 문제 될 게 뭔가. 모두에게 폐를 끼치면 되잖나. 자네가 하기 싫다면서. 그러면 안 하면 되잖나."

"하지만 제가 하지 않으면 상황이 더 나빠지는걸요. 모두에게 폐를 끼치면 회사에 다니기 껄끄러워지죠. 실적이 낮게 평가되어 회사에서 잘리고 싶지는 않아요. 그럴 바에야 차라리 제안서를 만드는 게 낫죠."

"빙고! 그것 봐, 역시 자네는 '하고 싶은' 거잖나. 할 일을 '스스로 선택'했지. 즉 '자기 결정'을 한 것이잖아."

여느 때처럼 검지로 하야토 선배를 가리키며 윙크를 날렸다.

"하는 게 낫다. 즉, 자네가 선택한 일이 아닌가? 자네는 제안서 만들기를 '하고 싶은' 것이지? 자네 업무는 '해야' 하거나, '시켜서' 하는 일이 아니야. '자신이 선택한' '하고 싶은' 일이지. 그럼 하면 되잖나."

나는 둘의 대화를 들으며 또 다른 '세상이 열리는 듯한' 기분이 들었다.

그렇구나. 나는 '해야 할' 일이 산더미라고만 생각했는데, 그것은 내가 '해야 할' 일이 아니었다. '하고 싶은' 일이었다.

그리고 '시켜서 하는' 일이 아니라 내가 선택하는 '자기 결정' 이었다. 하기 싫으면 그만두면 된다. 스스로 선택하는 것이다.

나는 예전에 있었던 일이 떠올랐다. 이 회사에 너무나 들어오고 싶어 필사적으로 면접을 준비했다. 합격 통보를 받고 뛸 듯이 기뻤다. 신입사원 때는 어떤 일이든 무척 즐거웠다.

언제부터 일하는 게 괴로워졌을까? 산더미처럼 쌓인 '시켜서 하는 일', '해야 할 일'. 그런 생각이 들면서 기쁨이 괴로움으로 탈바꿈되지 않았을까.

이런 내 생각을 알았는지 들러 팀장이 말했다.

“잘 들어, 두 사람. 아들러 심리학에서는 ‘하고 싶지만 할 수 없다’를 인생의 거짓말이라고 불러. 단지 ‘하고 싶지 않을’ 뿐이지. ‘살을 빼고 싶지만 먹고 싶은’ 게 아니야. 그냥 ‘먹고 싶은’ 거지. 인간은 하나야. 의식과 무의식이 갈등하는 일은 없어. 이를 아들러 심리학에서는 ‘전체론’이라고 해.”

내게는 좀 어려웠다. 하야토도 마찬가지로 아리송한 표정을 지었다.

들러 팀장은 그럴 줄 알았다는 듯 웃으며 설명을 덧붙였다.

“산더미처럼 쌓인 일은 하고 싶지 않지만, 지금 회사에 계속 다니고 싶다는 자네들의 갈등은 사실 갈등이 아니야. ‘하기 싫어서 하지 않는다’와 ‘지금 회사에 계속 다니고 싶으니까 산더미처럼 쌓인 일도 해치우고 싶다’ 그 둘 중 하나일 뿐이지.”

나는 마음을 들킨 것 같아 피식 웃음이 나왔다.

“자네들은 지금까지 인생을 살면서 전부 스스로 결정해 왔지. 지금의 직업과 회사를 선택한 것도 자신이고, 졸업한 학교를 선택한 것도 바로 자신이야. 지금의 성격을 만들어 낸 것도 자신이지.”

어? 그런가? 내 머릿속에 의문이 떠올랐다. 진학할 대학을 정할 때 아버지가 강력하게 국립 대학을 나와야 한다고 해서 가고 싶지 않았던 학교를 선택했을 뿐이다.

나는 들러 팀장에게 그 경위를 들려주었다.

"그럼 다른 대학에 가지 그랬나?"

들러 팀장은 그렇게 되받아쳤다.

"그럴 수는 없었어요. 아버지께서 허락해 주시지 않았는걸요."

"그럼 아버지에게 기대지 않고 스스로 학비와 생활비를 벌어서 가고 싶은 대학에 가면 됐잖나."

"그런 짓을 하면 부모님께 죄송하기도 하고, 고생도 할 테고…."

"그렇군. 그럼 자네가 직접 선택한 길이로군. '자신의 의지'로 아버지의 말씀에 따르기를 택했지. 전부 자네가 결정했잖나. 아들러 심리학에서는 이를 '자기 결정성'이라고 불러. '인간은 자기 자신의 삶을 그리는 화가이다.' 아들러가 한 말이네."

아, 그렇구나. 내가 선택했구나. 나는 지금까지 계속 누가 시켜서 하거나, 정해 줘서 했다고 생각했다. 하지만 그렇지 않았다. 스스로 선택한 인생이었다.

"그리고 앞으로 어떻게 할지도 모두 자네가 결정하는 거지. 얼마나 멋진 일인가! 자네들은 뭐든지 스스로 선택할 수 있다고!"

들러 팀장은 갑자기 나를 끌고 빙글빙글 돌기 시작했다. 그리고 노래를 부르면서 춤을 췄다. 그렇지 않아도 머릿속이 빙글빙글 돌던 나는 더욱 혼란스러워졌다.

내가 지금까지 인생의 모든 일을 스스로 결정했다고? 앞으로도 모든 결정은 내가 한다고?

하기 싫으면 안 하면 된다. 한다면 그것은 스스로 결정한 일이다. 결코 누군가가 시켜서 하는 것이 아니다.

이렇게 생각하니 왠지 모를 힘이 솟았다. 시켜서 한다고 생각했던 괴로운 일들은 전부 내가 결정한 일이었다. 싫으면 그만두면 되었다. 그렇지만 나는 그러지 않았다.

그랬다. '그만둔다는 선택지'가 항상 있었다. 그러니 나는 스스로 정할 수 있다.

그런 사실을 깨닫자 신기하게도 의욕이 솟았다.

좋았어. 한번 해 보자!

산더미처럼 쌓인 일은 모두 자신이 결정한 일. 시켜서 하는 것이 아니다. 그만둘 수도 있다.

그러니까 나는 하고 싶다!

그래, 해 보자! 안 되면 그때 결정해도 돼.

"팀장님, 저는 할래요. 하겠어요!"

하지만 조금 전까지 눈앞에 있던 들러 팀장은 영업 1과에서 사라지고 없었다.

문득 주변을 둘러보니 저 멀리 여자 사원들로만 구성된 경리과에 가 있었다. 나와 눈이 마주친 그가 손을 흔들며 외쳤다.

"알겠지? 시켜서 하는 일 같은 건 없어. 하기 싫으면 그만둔다, 하고 싶으면 한다, 시켜서 한다는 거짓말은 이제 그만하라고! 자신이 무엇을 하고 싶은지 자신만 알고 있지. 자네도 자기 결정성을 잊지 말라고!"

아들러 심리학 들여다보기

모두 스스로 결정한 일이므로, 뭐든 스스로 결정할 수 있다

'자기 결정성'은 아들러 심리학의 특징적 개념 중 하나이다. 아들러 심리학에서는 문제의 원인을 다른 사람이나 환경 탓으로 돌리고 자신을 정당화하는 것을 인정하지 않는다. 전부 자신이 결정한 일, 전부 자기 결정에 따른 일이다. 그렇게 생각한다.

이 개념은 종종 오해받기도 한다. 그중 하나로 '과거는 일절 관계없다', '트라우마는 존재하지 않는다'를 들 수 있다. 그러나 아들러는 그렇게까지 단호하게 단정하지 않았다.

아들러 심리학에서는 '부드러운 결정론'이라는 말을 많이 쓴다. 전부인가? 전혀 없는가? 이와 같은 극단적인 단정이 아니라 '그럴 수도 있다'라는 부드러운 사고방식을 선호한다. 따라서 '과거는 일절 관계없다'가 아니라, 과거의 원인은 영향 요인으로서 존재할 수 있다. 그러나 결정은 전적으로 자신이 한다는 것이다.

전부 자신이 결정한 일이라는 생각은 냉혹하게 내치는 듯해서 받아들이기 어렵다는 의견도 있다. 과연 그럴까? 개인적으로는 "지금부터라도 스스로 인생을 바꿀 수 있다."라는 관점에서 해석하므로 아들러의 사고방식이 희망으로 가득하여 따뜻하게 와닿는다. 오히려 자신이 자란 가정환경이나 유전에 지배되어 삶이 결정된다는 '결정론'이 더욱 안타까운 사고방식이 아닐까 한다. 희망조차 걸 수 없으니까. 아마 주인공 료도 똑같이 느낀 거 같다. 그가 '해야 할 일은 없다'라는 사실을 깨닫고 힘차게 나아가기 시작했으니까.

✦ 5장 ✦

나는 열등한 데다 뒤처졌어요

우리는 상대 평가에 능숙하다. 학창시절부터 성적이나 실력으로 남들과 비교당했기 때문이다. 그래서 남들보다 조금 못한 지점이 보이면 바로 '열등한 나'가 된다. 아들러 심리학에서는 이를 '기능 가치'일 뿐 다른 의미를 부여하지 않는다. 기능 가치에서는 차이가 날 수밖에 없다는 것이다. 다만, 한 인간으로서 '존재 가치'는 누구나 똑같다. 언제 어디서나!

★ 아들러 심리학 가르침 ★

'기능 가치'와 '존재 가치'를 뒤죽박죽 섞지 않는다.
있는 그대로의 자신을 받아들인다.

"우리 과에도 신입사원이 들어올까?"

"이번에 들어오는 신입사원이 우리 과에도 배정됐으면 좋겠다."

쓰요시와 유가 싱글거리며 이야기를 나누고 있었다. 목표를 달성한 두 사람이 부러웠다. 저런 생각을 할 여유가 있으니 말이다.

그보다 3월 말까지 채워야 할 매출 2천만 엔이 내 머릿속에서 떠나지 않는다.

꿈에서도 나는 초조해하고 있다. 순위 꼴찌에서 벗어나려고 발버둥 치는 중이다.

그때 5천만 엔짜리 큰 일거리가 날아든다. 해냈다! 목표를 달성했어! 그렇게 생각한 순간 전화가 울리고 취소하겠다는 연락을 받는다. 이제는 재기 불능이라며 머리를 감 싸쥐는 순간 잠에서 깬다.

또 같은 꿈을 꾸었다. 이러다 꼴찌는 맡아놨다. 이대로 계속 가다가는 나 때문에 영업 1과의 매출 목표도 달성하지 못한다. 모두를 볼 면목이 없다. 차라리 내가 회사를 그만두면….

"표창장 광고 영업부 달성률 1위 쓰요시. 귀하는 우수한 성적을…."

나는 시상식장 맨 뒷줄에서 허리를 숙이고 최대한 몸을 웅크렸다. 눈에 띄지 않도록 가능하면 아무도 말을 걸어오지 않았으면 좋겠다. 그렇게 빌었건만….

"아직도 끙끙 앓고 있는 거야? 힘내!"

리카가 내 등을 '탁' 쳤다.

시끄러워. 나 좀 내버려 두라고.

"역시 쓰요시가 1등이네. 이로써 3분기 연속 1위잖아. 멋지다. 잘나가는 남자는 딱 각이 잡혀 있어. 이렇게 '딱!' 하고 말이야."

리카는 내 양어깨를 잡은 손아귀에 힘을 줬다.

나는 뜻밖의 행운으로 텍사스히트 같은 수주 덕에 아슬아슬하게 꼴찌를 면했지만 결국 뒤에서 세 번째였다. 우등생이 되지 못했음에는 변함이 없었다.

이번에는 들러 팀장이 마이크를 잡고 감투상인지 신인상인지를 발표했다.

그래. 이럴 때일수록 들러 팀장의 가르침을 떠올리자.

우선, 못 한 일이 아니라 잘하고 있는 일에 주목한다. 뒤에서 세 번째. 그래도 꼴등은 아니잖아. 매출이 하나도 없는 게 아니라 버젓이 천만 엔 이상을 기록했어. 쓰요시만큼 많지 않아도 신규 계약을 세 건이나 따냈다고.

'좋아. 조금 힘이 나는걸.'

다음은 리프레이밍이라고 했던가. 다각도에서 보는 방법이라고 했다.

그래. 실패는 경험이 되기도 한다. 오히려 기회이기도 하다.

그렇다. 지금은 분함과 힘을 모아둘 때다. 다른 사람의 아픔을 이해하는 경험을 하고 있다. 좋아. 조금 더 힘이 나는 것 같다.

하지만 그래도 말이야. 아무리 해도 입사 동기 쓰요시와 나 사이에 이렇게나 큰 차이가 벌어졌다는 사실은 요지부동이다. 변하지 않는 사실.

그는 동기이자 유일한 시니어 렙(플레잉 매니저)이다. 그런데 나는 일개 평사원일 뿐이다. 그는 3분기 연속 1위. 나는 2분기 연속 목표 달성 실패. 쓰요시는 잘생긴 샤프한 얼굴. 나는 평범한 전통적 얼굴.

비교하면 할수록 나만 비참해진다. 그래도 자꾸 비교하게 된다. 겨우 5년 사이에 이렇게 차이가 크게 벌어지다니.

그러고 보니 쓰요시 앞에서는 리카의 말투도 나긋나긋해진다. 내 눈에는 보였다. 리카는 확실히 쓰요시를 의식하고 있었다. 나한테는 거침없이 반말을 내뱉으면서.

리카는 분명 쓰요시를 좋아하는 거야. 분하지만 쓰요시에게 리카를 빼앗겨도 나는 어찌할 도리가 없다.

철썩! 또 등을 맞았다.

"아파! 리카! 그만 좀 해."

소리치며 돌아보는데 리카가 아니다.

"팀장님이 왜 여기 있어요!"

"요, 요, 헤이, 료, 언제까지 처져 있을 거지? 요!"

들러 팀장이 리카의 성대모사를 하면서 힙합 가수처럼 검지를 하늘로 치켜세웠다. 하지만 전혀 리카 목소리처럼 들리지 않는다. 어울리지도 않았다.

나는 성대모사를 못 알아들은 척 담담하게 대답했다.

"팀장님. 당연히 우울하지 않겠어요? 동기인 쓰요시가 1등이고 저는 뒤에서 3등인걸요. 그런데도 기죽지 않으면 오히려 그게 더 문제죠."

심각한 내 말을 듣고도 들러 팀장은 평소처럼 싱글거렸다.

이 사람은 항상 이랬다. '웃기지 마! 나는 지금 진지하다고!'라고 소리치고 싶다. 하지만 어딘가 모르게 미워할 수 없는 게 또 이 사람이다. 어떻게 하면 이토록 사랑스러운 사람이 될 수 있을까.

아니, 그런 것은 아무래도 좋았다. 나와 쓰요시의 문제가 더 시급하다.

"팀장님. 쓰요시와 나는 입사 동기인데 왜 이렇게 결과가 다를까요? 쓰요시는 헤드헌터한테 연락도 많이 받죠. 그중에는 연봉으로 천만 엔을 제시한 곳도 있대요. 그런데 제 상황은 어떤가요? 연봉으로 치면 겨우 3백만 엔 조금 넘고, 헤드헌터한테 전화 한 통 받아 본 적 없어요."

"하하하, 진정해. 지금이야말로 자네에게 내준 숙제를 시험할 기회가 아닌가."

"팀장님. 정말 죄송한데요. 주신 숙제를 전부 몇 번이고 시도해

봤어요. 물론 효과가 있을 때도 있지만, 이번만큼은 소용없어요. 이렇게 확연한 차이가 나니까요."

나는 들러 팀장에게 거세게 반발했다.

들러 팀장은 버드나무에 부는 바람처럼 나의 반발을 슬쩍 받아 넘기며 말했다.

"맞아. 확실히 이직 시장에서 쓰요시는 연봉 천만 엔의 가치가 있을지도 몰라. 그리고 유감스럽게도 자네에게는 연봉 3백만 엔의 가치밖에 없지. 하지만 그런 것은 아무 상관이 없어. 이직 시장이 중요한 게 아니거든."

들러 팀장의 표정이 점점 진지해지고 목소리가 커졌다.

"쓰요시도 자네도 '인간으로서'는 완전히 평등해. 우열도 위아래도 없지. 두 사람 모두 정말 소중하고 세상에서 유일한 존재라고!"

그 말은 형식적인 위로이기에 동의할 수 없었다.

"실적이 높든, 헤드헌터가 연락하든 그런 것은 일절 관계없어! 자네가 '사람'이라는 것 그 자체로도 이미 훌륭한 가치가 있다는 말이지!"

들러 팀장은 뺨을 새빨갛게 붉히면서 역설했다.

아무리 그런 소리를 한다 한들 이번만큼은 들러 팀장의 말이 전혀 와닿지 않았다.

들러 팀장은 분명 듣기 좋은 소리를 해 주려는 것이다. 실적에서 이토록 현저한 차이가 나지 않는가. 그런데도 '같은 인간으로 평등'하다니. 그건 이상일 뿐이다. 지금은 아무리 달콤한 말을 속삭여도 나는 쓰요시보다 못하고, 턱없이 부족하다. 고로 나는 못났다.

문득 정신을 차려보니 주변에 있던 동료들이 들러 팀장과 나를 빤히 주시하고 있었다.

못 말려, 들러 팀장은 목소리가 너무 크다니까.

'쉿!' 나는 검지로 들러 팀장의 입을 막았다. 그러나 들러 팀장은 내 검지를 뿌리치고 여전히 시뻘건 얼굴로 말을 이었다.

"료! 자네 어머니가 이 자리에 계셨다면 어땠을까? 쓰요시에 비해 자네의 가치가 떨어진다고 말씀하셨을까? 어? 자네를 열등한 인간이라고 하셨을까?"

어머니라는 말에 나는 가슴이 철렁 내려앉았다. 지금까지 어머니는 계속 내 편이 되어 주었다. 앞으로도 계속 그럴 것이다. 어머니가 보기에는 내가 쓰요시보다 못한 인간일 리가 없다.

그 말은 사실이다. 하지만 궤변이다. 변명일 뿐이다. 설령 어머니가 그렇게 말하더라도 세상 사람들 대부분은 그리 말하지 않을 것이다. 쓰요시가 더 가치가 있다. 다들 그렇게 말할 게 뻔하다.

"료. 정말 중요한 이야기이니 밖으로 나가지."

들러 팀장의 표정은 그 어느 때보다 진지했다. 그 박력에 압도당한 나는 순순히 들러 팀장을 뒤따라 엘리베이터를 탔다.

3월 말의 바깥 공기는 아직 싸늘했다. 도쿄역 위로 뜬 하얀 달이 아주 가깝게 느껴졌다.

"팀장님. 시상식장에 안 계셔도 돼요?"

"그런 건 아무래도 상관없어."

들러 팀장은 대도시 도쿄라고 상상할 수 없는 서민적인 분위기를 풍기는 철교 아래를 지나 후줄근한 대폿집으로 들어갔다. 문득 시계를 보니 아직 저녁 여섯 시도 안 된 시각이었다.

"주인장, 여기 따끈하게 데운 술이랑 어묵 좀 줘요. 적당히 상도 차려 주고요."

들러 팀장은 무엇을 마실지 묻지도 않고 마치 옛날 영화 속 배우처럼 주문했다. 그러고는 내게 같이 마시자고 하며 웃었다. 웃고는 있지만 평소와 확연히 다른 굳은 표정이었다.

"벌써 10년 전인가? 내가 여기 주인장 앞에서 보기 흉하게 펑 펑 울었던 적이 있지. 그렇죠, 주인장."

"흠, 그런 일도 있었던가요."

백발과 흑발이 뒤섞인 반백의 주인장은 시선을 마주치지 않고 얼버무렸다. 들러 팀장은 개의치 않고 10년 전 일을 띄엄띄엄 이야기하기 시작했다.

"나는 말이야, 자네와 비슷한 나이에 지금의 자네보다 훨씬 실적이 낮은 형편없는 영업사원이었어."

들러 팀장은 어묵을 헤집었다.

"당시 나는 항상 겁에 질려 있었고 스스로 책망했어. 회사에 폐를 끼치고 있다고. 틀림없이 모두 나를 무시하고 있다고 믿었지. 그러던 어느 날, 그런 나를 보다 못했는지 사장님께서 불렀다네. 그때까지 한 번도 말을 섞은 적이 없던 터라 사장님 앞에서 바짝 긴장했지."

들러 팀장은 술 한 잔 비우더니 어묵을 우적우적 씹어 삼켰다.

"그때 사장님이 나를 이 가게로 데려온 거야. 아마 그때도 저녁 5시밖에 안 되었을 거야. 당시 사무실이 있던 건물은 지금처럼 훌륭한 빌딩이 아니었어. 이 근처의 주상복합건물 3층이었지. 엘리베이터도 없고. 수주가 한 건도 없는 날에는 무거운 영업 가방을 메고 3층까지 올라가려면 무척 힘들었지. 일단 잔을 비우라고. 자."

나는 술잔을 비웠다. 비었던 위가 짜악 조여드는 느낌이 들었다. 뒷이야기가 궁금해져 들러 팀장의 눈을 빤히 쳐다보았다.

"나는 '아, 결국 잘리는구나.'라고 생각했지. 사장님이 직접 최후통첩을 내리는구나 싶었다네. 그런데 사장님이 그러시는 거야. '너는 절대 회사를 그만두지 마라. 너는 비록 요령은 없지만 무척 상냥한 녀석이다. 그걸로 충분해.'라고. 그리고 한마디도 더 말씀하지 않았어. 계속 술만 마시더니 고주망태가 되어서는 말이야 먼저 간다며 계산하고 혼자 나가셨어."

들러 팀장은 빠르게 한 잔을 더 마셨다.

"눈물이 뚝뚝 떨어지더군. 울음을 멈출 수가 없었지. 어느샌가 엉엉 소리 내며 울었다네. 오열이 멈추지 않았어. 끅끅거리며 울었지. 마침 자네가 앉아 있는 바로 그 자리였어."

들러 팀장한테 그런 일이 있었다니. 사장님이 그런 사람이었다니. 그리고 당시의 들러 팀장과 지금의 내가 겹쳐지면서 왠지 그 마음을 알 것 같았다.

나는 들러 팀장처럼 자신을 계속 나무랐다.

나 역시도 같은 처지 아닌가. 나도 천성이 나쁜 놈은 아니다. 영업 성적은 나쁘지만 빈둥대지 않고 항상 열심히 일했다.

그런 나를 다른 누구보다도 더 내가 책망하고 있었다. 내가 나에게 너무 잔인한 짓을 가하고 있었다. 내가 소중히 여기지 않으면 누가 나를 아껴준단 말인가. 이제야 비로소 그동안 내가 나를 어떤 방식으로 대하고 있었는지 자각했다.

"자네는 말이야, 지금 '기능 가치'와 '존재 가치'를 뒤죽박죽 섞고 있어. 바꿔 말하면 'Doing(행동 방식)'과 'Being(존재 방식)'이라고도 할 수 있지. 자네는 'Doing'이 서툴러서 '기능 가치'를 제대로 발휘하지 못하고 있는 거야."

어려웠다. 조금 기다리니 내가 이해 못 하는 부분을 안다는 듯 들러 팀장이 말을 덧붙였다.

“그런데 자네는 자네의 아주 소중한 ‘Being’, 즉 ‘존재 가치’를 부정하고 있어. ‘영업 성적이 나쁜 사람은 인간으로 쓸모없다. 열등한 존재다.’라고 결론 내리며 자기 인격까지 부정하고 있는 거야. 자신에게 아주 큰 잘못을 하고 있는 거지. 절대 초조해할 필요 없네. 그런 것은 경험과 훈련, 노력으로 얼마든지 바꿀 수 있어. 하물며 스스로 부정할 필요는 추호도 없지.”

말을 마친 들러 팀장은 다시 술잔을 쭉 들이켰다.

“자네는 자네다우면 돼. 자네는 지금 이대로도 훌륭하지. 실적이 좋든 나쁘든 결점이 있어도 상관없어. 그런 별것 아닌 일로 자네의 ‘존재 가치’에 상처를 입혀서는 안 돼. 자네는 훌륭한 사람이야. 나는 자네를 정말 좋아한다고!”

나는 멍하니 앉아 있었다. 지금 자신이 어디에 있으며 무엇을 하고 있는지도 잊고 그저 들러 팀장의 말을 되새겼다.

‘자네는 있는 그대로도 괜찮아. 나는 자네를 정말 좋아한다고!’

그때 갑자기 눈앞에 어머니의 얼굴이 어른거렸다.

“료. 내 보물. 정말 소중한 나의 보물 강아지.”

내가 어릴 적에 어머니는 나를 껴안고 말하며 뺨을 비볐었다.

눈가에 눈물이 고였다. 나는 황급히 고개를 젖혔다.

나의 상태를 눈치챈 것일까. 들러 팀장이 갑자기 벌떡 일어나다 선반에 이마를 세게 부딪쳤다. '아야!' 하고 비명을 지르는가 싶더니 벽에 '쿵!' 박았다. 그러고는 창피함을 감추듯 "계산이요!" 하고 외쳤다. 돈을 낸 들러 팀장은 "먼저 갈게."라는 말을 남기고 혼자 가게를 나가버렸다.

나는 필사적으로 눈물을 참았다. 들러 팀장의 말이 계속해서 머릿속에 울려 퍼지고 있었다.

'자네는 있는 그대로도 괜찮아. 나는 자네를 정말 좋아한다고!'

젠장. 나도 참 뭐 하고 있담.

"잘 먹었습니다!"

가방을 안아 든 나는 가게를 나왔다.

바람이 차갑다. 아까보다 달이 더 크게 보였다. 노란빛도 살짝 감돌았다. 고향 집 현관에 달린 백열등같이 따뜻한 색이었다.

나는 입술을 깨물고 지금 이 기분을 잊지 말자고 다짐했다.

아들러
심리학
들여다보기

기능 가치와 존재 가치는 별개의 것

아들러 심리학에서는 '기능 가치'와 '존재 가치' 용어를 구별하여 설명하지 않는다. 그러나 아들러의 '용기 북돋우기'를 이해하는 데 도움이 되는 분류법이기에 이 책에서는 그렇게 표현했다.

사회학자 페르디난트 퇴니스는 공동체를 두 가지로 분류했다. 목표 달성을 추구하는 영리 기업의 대표 게젤샤프트(기능 공동체/이익사회)와 존속과 안심감을 추구하는 지연 및 혈연관계로 대표되는 게마인샤프트(가치 공동체/공동사회)의 두 가지다.

이 두 가지는 '기능 가치'와 '존재 가치'를 기반으로 존재한다고 할 수 있다. 현대의 우리는 대부분 영리 기업이라는 게젤샤프트를 삶의 기반으로 삼고 있다. 그렇기에 기업의 논리인 '기능 가치'를 무시할 수 없다. 그래서 우리에게 '기능 가치'가 전부라고 여기기 쉽다. 그러나 '기능 가치'와 '존재 가치'는 별개이다. 그러니 회사 내 '기능 가치'의 높고 낮음으로 자기 '존재 가치'를 규정짓지 말아야 한다. 설령 인사 평가가 낮더라도, 회사에 다니지 못하고 병상에 누워만 있어도, 그 사람의 '존재 가치'는 변함이 없다.

이 점을 이해하고 자신의 '존재 가치'를 확고하게 인정해야 한다. 그래야만 인간으로서 토대가 튼튼해지고 사소한 일로 흔들리지 않는다. 이러한 기반이 다져지지 않은 사람은 '기능 가치'의 높낮이에 일희일비하고 항상 감정이 요동친다. 그러면 점점 더 '기능 가치'를 발휘하지 못하는 악순환에 빠진다. 해결책은 단 한 가지다. 근거 없이 자신의 '존재 가치'를 인정하는 것이다.

아들러 심리학에서는 결점까지 그대로 인정하는 것을 '자기 수용'이라고 부른다. 자기 수용에서 세상을 멋지게 살아갈 힘이 나온다. '기능 가치'에 감정이나 심리가 좌우되어서는 결코 자신에게 용기를 북돋울 수 없다.

들러 팀장은 료에게 이 사실을 역설한다. 들러 팀장은 자신의 존재 가치를 인정함으로써 토대가 탄탄하지만 이를 인정하지 못하는 료는 늘 흔들린다.

이제 료는 자신의 존재 가치를 깨달을 수 있을까? 이야기는 계속된다.

[도표 2] 기능 가치와 존재 가치

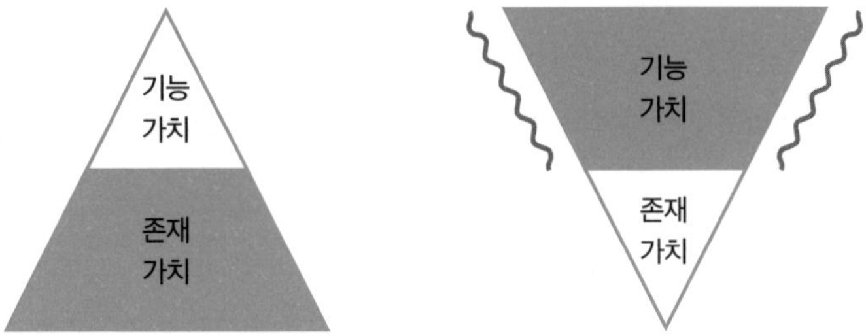

[존재 가치의 기반이 있는 사람]
기능 가치가 높든 낮든 기반이 탄탄하므로 흔들리지 않는다.

[존재 가치의 기반이 없는 사람]
기능 가치가 높아지거나 낮아질 때마다 자신이 크게 흔들리며 항상 불안정하다.

✦ 6장 ✦

살아남기 위해 나를 계속 몰아붙여요

자신의 불완전함을 수용하자. 부족한 부분을 채우기 위해 고군분투하며 자신을 들들 볶지 말자. 자신마저 그 불완전함을 받아들이지 못하면 당신은 사회에서 설 곳을 잃게 된다. 혼자 서 있을 수는 없다. 미숙하고 미흡한 부분을 알아야 보완할 수 있다. 자기 긍정과 자기 수용은 자신감을 올려주며 사회생활에서 에너지로 치환되는 힘이다.

★ 아들러 심리학 가르침 ★

불완전한 자신을 있는 그대로
껴안고 자기 수용한다.

도쿄역 부근에서는 무리 지어 돌아다니는 앳된 얼굴의 신입사원들을 자주 볼 수 있다. 해자 가장자리를 따라 심어진 벚나무도 아직 꽃이 조금밖에 피지 않았다. 4월 첫째 날 아침이면 모든 것이 싱그럽게 느껴진다. 나는 아침 추위에 몸을 부르르 떨며 빌딩 문을 통과하여 엘리베이터를 탔다.

"안녕하세요!"

상쾌한 기분 탓에 평소보다 큰 목소리로 인사하고 자리에 앉았다. 그때 리카가 들러 팀장을 보고 놀라 소리쳤다.

"팀장님, 왜 그런 거예요? 이마에 혹이 났잖아요!"

리카는 동의를 구하듯 나의 얼굴을 쳐다봤다.

"료는 또 무슨 일이야? 그 괴물같이 눈이 퉁퉁 부었잖아."

나와 들러 팀장이 동시에 크게 웃었다. 하하하! 하하!

"료, 저기… 잠깐만. 이리 와 봐. 얼른."

미간을 찌푸린 리카에게 이끌려 나는 탕비실로 들어갔다. 직원들이 비밀 이야기를 할 때 애용하는 장소다. 창문으로 새하얀 햇빛이 들이비추었다. 그래도 이른 아침 탕비실은 싸늘했다. 나는 리카에게 어젯밤에 있었던 이야기를 솔직하게 털어놓았다.

시상식장에서 주눅 든 나를 들러 팀장이 선술집에 데려간 것. 그곳에서 들러 팀장이 들려준 옛날이야기를 들으며 내가 겹쳐 보였다는 것.

내가 영업 성적이 나쁘다는 '기능 가치' 문제를 '존재 가치'와 뒤섞어 내 인격마저도 부정하고 있었다는 것. 아무리 '기능 가치'가 낮아도 '존재 가치'와는 아무런 관련이 없다는 것.

연봉 천만 엔 헤드헌팅 제안을 받은 쓰요시와 연봉 3백만 엔밖에 받지 못하는 내가 '기능 가치'에서는 차이가 나지만 '존재 가치'에서는 다를 바 없고, 두 사람 모두 둘도 없는 존재라는 것 등.

리카에게 이야기하면서 나는 다시금 어머니를 생각했다. 다시 코끝이 찡해졌다. 이런, 이미 눈이 퉁퉁 붓도록 실컷 울지 않았던

가. 어젯밤 나는 집에서 내 안의 감정을 전부 토해냈다.

분했던 일, 슬펐던 일, 외로웠던 일. 내 속에 있던 부정적인 감정을 감추지 않고, '부인', '억압', '왜곡'하지 않고 그대로 풀어주자 마치 어린아이처럼 울음이 터져 버렸다. 그렇게 심하게 운 것은 초등학생 이후로 처음이다.

그로 인해 오늘 아침 눈이 퉁퉁 부었지만 그런 것은 아무래도 좋았다. 남의 시선 따위는 신경 쓰지 않는다. 못나도 괜찮다. 왠지 그런 생각이 들었다.

"그런 일이 있었구나."

리카가 고개를 끄덕이며 말을 이었다.

"기능 가치와 존재 가치라! 나도 료와 마찬가지로 뒤죽박죽 섞였을지도 몰라. '어차피 나는 어시스턴트일 뿐인걸. 나 같은 건 있으나 마나 똑같아.'라고 항상 그렇게 생각을 했는데."

나는 깜짝 놀랐다. 리카의 옆얼굴이 쓸쓸해 보여 나마저도 가슴이 답답해졌다.

리카에게 용기를 북돋우려고 쓸데없는 말을 지껄였다. 들러 팀장에게 용기를 얻은 대사를 내뱉은 것이다.

"리카. 어시스턴트는 매우 중요한 일이야. 우리 영업사원들도 항상 감사해하고 있잖아, 리카는 정말 둘도 없는 멋진 존재야. 나는 너를 정말 좋아한다고."

아차. 내가 무슨 말을 한 거지?

마치 사랑 고백처럼 들리지 않는가. 내 얼굴이 달아오른 것을 눈치챘는지 리카는 밝아진 얼굴로 "고마워."라고 말하며 고개를 떨구었다.

"커피, 커피, 모닝 커피."

콧노래 부르는 들러 팀장의 목소리가 들리는가 싶더니 이미 지척에 와 있었다.

"어라, 리카와 료잖아? 이런 데서 뭐 하고 있어? 혹시 두 사람은 뜨거운 사이? 앗, 뜨거워."

"아니에요."

나와 리카는 동시에 부인했다. 그러면서 나는 변명하듯 황급히 리카에게 하던 이야기를 들러 팀장에게도 했다.

"팀장님 덕분에 깨달았어요. 그동안 저는 '기능 가치'를 발휘하지 못하면 연결해서 제 '존재 가치'마저도 부정했어요. 그리고 그걸 만회하려고 자신을 채찍질했죠."

나는 차분하게 숨을 들이쉬고 난 뒤 말을 이었다.

"그게 '브레이크를 밟으면서 액셀을 밟고 있는 것과 같은 일'이라는 것을 새삼 깨달았어요. '돼지도 치켜세우면 나무에 오른다.'

라고 하셨잖아요. 용기가 가득해지면 사람은 저절로 더 나아지려고 노력한다 걸 잊고 있었어요. 정말 감사합니다."

들러 팀장은 또다시 평소와 같은 포즈를 취했다. 권총을 쏘는 제스처. 엄지손가락을 치켜세우는 제스처.

"빙고! 빵야!"

이어 들러 팀장은 기쁜 듯 입을 열었다.

"료, 리카. 두 마리 원숭이 이야기를 들려줄게. 그중 한 마리는 너무 배가 고파 눈에 핏발이 섰고, 다른 한 마리는 그다지 배가 고프지 않았어. 두 원숭이에게 버튼 몇 개를 누르면 먹이를 먹을 수 있는 간단한 장치의 먹이 상자를 줬지. 그러자 굶주린 원숭이는 필사적으로 먹이를 먹으려고 달려들었지만, 초조해서 성급하게 덤비는 바람에 계속 실수를 저질렀어. 그 원숭이는 결국 너무도 어렵게 먹이를 먹었지. 그런데 다른 한 마리는 적당한 먹이를 받아먹어 굶주리지 않았어. 그 원숭이는 차분하게 버튼을 눌러서 먹이를 실컷 먹을 수 있었다는 이야기야."

들러 팀장은 목이 타는지 커피를 한 모금을 들이키며 말을 이었다.

"'기능 가치'와 '존재 가치'를 뒤섞어 스스로 부정하면 스스로 굶주린 원숭이가 되는 거야. 인정받고 싶다, 사랑받고 싶다, 그렇게 기아 상태에 빠지는 것이지. 그러면 될 일도 안 되는 거야."

리카의 얼굴에 행복한 미소가 번졌다.

"평소 자신을 인정하고 받아들임으로써 마음의 여유를 가지면 자신이 가진 힘을 발휘할 수 있게 되지. 무슨 일이 있어도 자신의 '존재 가치'가 흔들리지 않게 되는 거야. 그로 인해 '기능 가치'도 더욱더 올라가는 거고."

들러 팀장은 말을 멈추고 나와 눈을 맞췄다.

"'존재 가치'가 충족되면 '기능 가치'도 충족되므로 결코 반대로 해서는 안 돼. 매출을 올리거나 회사에서 더 높은 평가를 받아 '기능 가치'를 충족시킨다고 '존재 가치'가 높아지지는 않거든. 그렇게 하지 않아도 될 자신의 '존재 가치'를 충분히 알고 있어야 해. 자네 둘은 아무것도 하지 않아도 이미 훌륭하다고!"

말을 마친 들러 팀장은 갑자기 침팬지 흉내를 내며 외쳤다.

"우끼!"

이 사람은 웃긴 제스처를 취하지 않으면 이야기할 수 없는 모양이다.

들러 팀장의 말에 나보다 리카가 더 열심히 고개를 끄덕였다. 그 모습을 보니 그녀가 회사에서 업무적으로 많이 외로웠다는 걸 알게 되었다.

앞으로는 더 감사하다는 말을 전해야겠다.

"'기능 가치'와 '존재 가치'를 뒤죽박죽 섞는 한, 마음에 평온이 찾아오는 일은 없어. 피라미드 정상에 있는 사람과 밑에서 떠받치고 있는 사람을 떠올려 봐. 가장 아래에 있는 사람은 위를 보면 질투하고 마음이 동요하지."

들러 팀장이 말을 이었다.

"하지만 '가장 위에 있는 사람이 가장 힘들다.'라고 아들러는 말했어. '아래로 떨어지고 싶지 않다. 누군가가 나를 앞지르면 어떡하지. 1등에서 밀려나면 더는 나에게 가치가 없을 거야.'라는 생각에 자리를 지키려고 고군분투하는 거지. 자꾸 치고 올라오는 사람과 비교하며 마음도 혼란스럽고. 그러니까 어떤 일이든 상하, 우열로 판단하는 한, 마음의 평온은 영원히 찾아오지 않는다는 것이야. 이를 아들러 심리학에서는 '종적(수직) 관계'라고 부르지."

새로운 개념에 나는 귀를 쫑긋 세웠다.

"언제나 '횡적(수평) 관계'로 생각해야 해. 누구든 세상에 둘도 없는 '존재 가치'를 갖고 있다. 그렇게 생각해야 일이 잘 풀리는 법이지."

들러 팀장의 말에 쓰요시의 얼굴이 떠올랐다. 언제나 매출 1위를 달리고 있는 그는 매일 무시무시한 표정으로 일한다. 아직 20

대인데도 미간에 깊은 주름이 자리 잡고 있다.

그도 아래로 떨어지는 공포를 느끼고 있는지 모른다.

"뭐, 서서 이야기하기도 뭐하니 저기 벤치에 가서 앉을까?"

들러 팀장의 말에 우리는 엘리베이터 홀에 설치된 벤치에 앉았다. 들러 팀장이 가운데에 앉고, 양옆에 리카랑 내가 앉았다. 들러 팀장만 바닥에 발이 닿지 않아 무릎 아래 다리가 흔들렸다.

리카가 먼저 말을 꺼냈다.

"들러 팀장님. 그런데요, 저는 지금까지 계속 팀장님의 가르침과 반대되는 일을 해 왔어요. 못난 자신을 탓하고 채찍질하고, 그렇게 해서 겨우 남들만큼 열심히 할 수 있게 됐어요. 그런 제가 '존재 가치'만 믿고 자신이 제멋대로 굴도록 내버려 둔다면 지금보다 훨씬 더 형편 없던 옛 시절로 돌아갈까 봐 무서워요. 어째서 저는 스스로 몰아붙임으로써 이만큼이라도 할 수 있게 되었다고 성공 경험으로 이해했을까요?"

리카 질문의 깊이에 놀라 나는 눈이 휘둥그레졌다.

들러 팀장은 싱글거리며 웃는 얼굴로 나를 쳐다보았다.

'봐, 리카도 자네랑 똑같잖아. 자기 부정이 성공의 비결이라고 착각하고 있잖아.'라고 눈으로 말하고 있었다. 이어 내가 전혀 생각지도 못했던 사실을 가르쳐 주었다.

"리카. 잘 들어봐. 사람은 기억을 조작하거든. 아들러도 후에 자신이 기억을 조작했다는 사실을 발견했어. 그는 어렸을 때 몸이 약하고 겁이 많아 자신감이 없어서, 초등학교 다닐 때 집으로 돌아오는 길에 지나는 묘지를 매우 무서워했대. 그래서 그는 굳게 마음먹고 혼자 담력 시험을 강행했어. 용기를 짜내어 몇 번이고 묘지 안을 왔다 갔다 하며 공포심을 극복하는 데 성공했지. 됐다! 해냈어! 그리고 친구들에게 그 이야기를 들려주었어. 그랬더니 소꿉친구들이 모두 입을 모아 '아들러. 학교 근처에 묘지 같은 건 없었어.'라고 말했다는 거야. 즉, 그때까지 아들러의 기억을 조작했다 이 말이지. 자신에게 편한 대로 말이야."

몰랐다. 그렇구나. 그 말이 맞을지도 모른다. 그럼 우리가 조작하는 기억이란 무엇일까?

들러 팀장은 씨익 웃으며 말을 이었다.

"생각해 봐, 리카. 자신을 질책하며 몰아붙여 성장한 힘들었던 이야기와 다른 사람들의 인정을 받고 신나서 성장한 이야기. 대체로 어느 쪽이 멋있다고 생각하지?"

리카는 바로 답했다.

"힘들었던 이야기요."

"그래. 그편이 훨씬 더 멋있지? 어쩌면 리카는 이상적인 자신, 즉 '우월감'을 느끼고 싶어서 아들러처럼 자신에게 좋을 대로 이야기를 지어내 과거를 조작했을지도 몰라."

나는 당장 리카에게 물었다.

"정말 인정하고 용기를 북돋아 준 사람이 없었어? 리카를 격려하여 '존재 가치'를 충족시켜 준 사람은 없었던 거야?"

"아…, 그러고 보니…."

리카는 이미 회사를 그만둔 옛 선배와의 이야기를 들려주었다. 중요한 전표에 실수했을 때, 시스템 입력 방법을 좀처럼 익히지 못했을 때, 항상 웃으며 참을성 있게 가르쳐 주었다고 했다.

"리카는 참 열심히 하는구나. 서두르지 않아도 괜찮아. 조금씩 익히면 돼. 이것 봐, 이제 이만큼이나 할 수 있게 됐잖아. 대단한 걸."

늘 그렇게 용기를 북돋아 주었다는 것이다.

"팀장님. 생각해 보니 저는 선배에게 용기를 얻었나 봅니다. 그래서 조금씩 자신감이 붙고, 즐거워지고, 신이 나서 성장한 것 같아요. 그러니까 저는 칭찬받으며 성장한 이야기에 더 가깝네요. 아니, 절대로 그쪽에 속해요. '추켜세워서 나무에 올라가 성장했어요'. 맞아요, 틀림 없어요. 그런데 팀장님에게 지적받기 전까지는 전혀 몰랐어요."

"빙고, 빵야!"

또 나왔다. 나는 완전히 익숙해졌지만 리카는 놀라서 입을 다물 줄 몰랐다. 분명 마음속으로 중얼거렸을 것이다. '왜 이래 이 사람?'이라고 말이다.

"료, 리카. 슬슬 자리로 돌아가야지. 마지막으로 지금까지 이야기를 정리해 볼까. 이 말을 꼭 기억해 두라고. '자기 긍정'이 아니라 '자기 수용'이라고. 명심해, '자기 긍정'과 '자기 수용'은 달라."

나는 '자기 긍정, 자기 수용이라.' 하고 중얼거렸다.

"'자기 긍정'에는 이유가 필요해. 그리고 대부분 그 이유를 '기능 가치'에서 끌어오지. 매출 순위 상위에 자리매김하여 '기능 가치'를 발휘하며 '자기 긍정'을 하는 거지. 그러니까 '자기 긍정'은 조건부 긍정이야. 그래서 매출 순위 상위에서 밀려나 조건이 사라지면 '자기 긍정'을 할 수 없게 되는 거라고. 바로 '기능 가치'와 '존재 가치'를 뒤죽박죽 섞은 사고방식이 '자기 긍정'으로 이어지는 거야."

들러 팀장은 리카와 나를 번갈아가며 쳐다보았다. 우리가 충분히 이해했다는 표정을 짓자 만족한다는 듯 "좋아." 하고는 다시 말했다.

"그런데 '자기 수용'에 조건은 필요 없어. 나약함과 부족함이 존재하는 불완전한 자신을 있는 그대로 받아들이는 거야. 그게 '자기 수용'이지. '나도 사람인걸. 약한 점도 있지. 못 하는 일도 있고 실수하기도 해. 하지만 그런 자신을 있는 그대로 보듬자.'라고 자신을 받아들이는 거야. 그게 바로 '존재 가치'로 이어지는 거지."

리카와 내가 동시에 고개를 끄덕였다.

"자네들에게 필요한 것은 '자기 수용'이야. '불완전함을 인정할 용기를 가져라.'라고 아들러학파의 소피 라자스펠드가 말했어. 내가 정말 좋아하는 좌우명이지."

말을 마친 들러 팀장은 황홀한 표정으로 두 손을 교차시켜 자기 가슴을 살포시 안았다. 그러더니 반쯤 눈을 감은 채 상체를 천천히 흔들며 엘리베이터 홀에서 걸어 나갔다. 마치 눈에 보이지 않는 아기를 안고 있는 것 같았다. 이마에 달린 혹은 아직도 부어 있었지만 그의 표정은 아주 평온했다.

그 옆을 서류를 끌어안은 다른 부서의 사원이 맹렬한 기세로 지나쳤다. 하지만 들러 팀장은 아랑곳하지 않고 같은 자세로 있었다. 황홀하고 느긋하게 자신을 껴안고 있었다.

나는 리카와 눈을 마주치고 웃었다.

리카가 들러 팀장의 흉내를 내며 자신의 가슴을 안았다. 그 위로 따스하고 하얀 햇살이 내리비쳤다. 그 모습이 마치 성당 앞 성모상 같았다.

나도 따라 했다. 우리 셋은 황홀한 표정으로 자신의 가슴을 감싸 안으며 자리로 향했다.

가는 길에 여러 사람이 괴짜들 보듯 우리를 쳐다보았다. 그런데도 들러 팀장은 전혀 개의치 않았다. 그리고 나를 향해 과장되게 윙크를 날렸다.

"괴짜라도 괜찮아. 나는 불완전한 나를 있는 그대로 보듬겠어."

웃음을 터뜨리며 내가 안은 내 가슴을 살포시 흔들었다.

아들러
심리학
들여다보기

자기 긍정과 자기 수용

1장에서 배운 '긍정적인 주목'과 2장에서 배운 '리프레이밍'은 모두 부정적인 시각을 긍정적으로 바꾸는 기법이다. 모두 자기 긍정을 위한 기법이다. 자신에게 부정적으로 의미를 부여한 것을 다시 새롭게 긍정의 의미로 바꿔 부여하는 것이다. 이는 곧 '조건부 자기 긍정'인 셈이다.

그리고 5장에서 배운 '존재 가치'를 인정한다는 것은 '불완전함을 인정하는 용기', 즉 결점까지 자신을 받아들이는 '무조건적 자기 긍정'='자기 수용'이다. 이제는 알겠는가. 이번 장에서 주인공 료도 그 사실을 들러 팀장에게 되풀이하여 배우고 마음속 깊이 새겼다.

프롤로그에서 이 책은 ‘용기’와 ‘공동체 감각’의 두 축으로 설계되었다고 설명했다. 총 12장으로 구성된 이 책의 전반부가 이번 제6장을 끝으로 일단락된다.

료는 제1장부터 제6장에 걸쳐 들러 팀장의 가르침을 받아 ‘용기’를 배우고 자신의 것으로 만들었다.

다음 장부터는 드디어 두 번째 축인 ‘공동체 감각’에 도전한다. 료 또한 ‘용기’를 가지고 새로운 도전을 향해 나아간다. 물론, 그 앞에는 더욱 큰 시련이 기다리고 있다.

그럼 이제 후반부를 살펴보도록 하자.

■ 도표 3 이 책의 구조와 아들러의 가르침

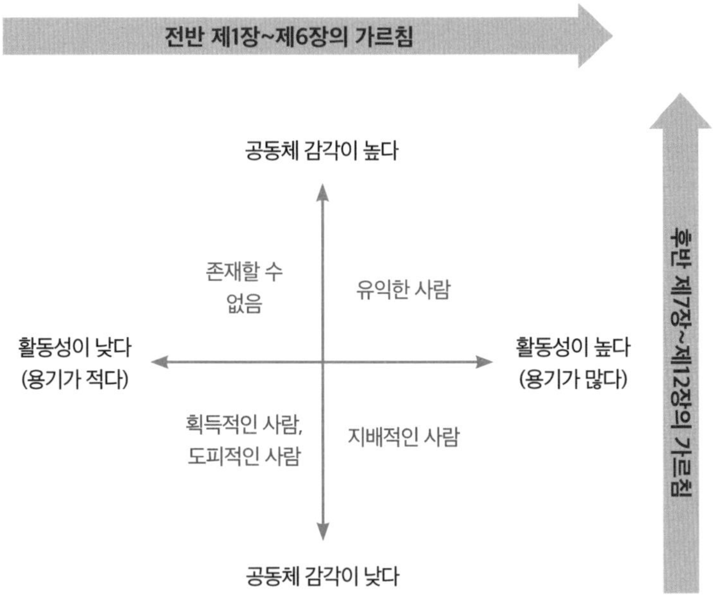

- 사람을 네 가지 유형으로 나눌 때, 내가 기준으로 삼는 원리는 다음과 같다. 하나는 사회적 통합에 그들이 접근하는 정도이고, 다른 하나는 그 접근 정도를 그들이 가장 달성하기 쉽다고 생각하는 방식으로 유지하고자 발전(많든 적든 활동하며) 시키는 운동의 형태이다.(아들러)

출처 : 《현대 아들러 심리학(Individual Psychology Theory and Practice)》 Guy. J. Manaster, Raymond. J. Corsini 공저, 《아들러 심리학 입문(Alfred Adler's Basic Concepts and Implications)》 Robert W. Lundin을 바탕으로 필자가 일부 개편하였다.

✦ 7장 ✦

나도 상대를 칭찬하고, 인정하고 싶다고요

상대를 칭찬하고 인정하는데 자린고비가 되지 말자. 상대를 인정한다고 자신이 작아지는 것도 아니고 능력 없음을 고백하는 것도 아니다. 오히려 자신의 격을 높이는 결과를 낳는다. 칭찬과 인정은 많이 베풀면 베풀수록 자신에게 돌아오는 신뢰는 더욱 단단해진다. 유대는 두터워지고 적극적인 협조를 끌어낼 수 있다. 말 한마디의 힘을 보고 싶다면 당장 상대를 칭찬해 보자.

★ 아들러 심리학 가르침 ★

매일 누군가를 기쁘게 한다.

매앰, 맴, 맴.

창밖을 내다보았다. 내일이면 10월에 접어들건만 철 지난 매미가 울어댈 정도로 날이 덥다. 창문에 다가가니 밖에 감도는 열기가 느껴졌다. 그러나 상기된 나의 뺨은 그 열기 때문만이 아니다. 5년 만에 표창장을 받게 되어 기쁘고도 쑥스러운 마음에 다소 들떠 있었다.

"표창장! 이름 료, 귀하는 우수한 성적을 거두어 이에 표창합니다."

어느 쪽 발을 먼저 내밀어야 하더라? 나는 긴장한 채 영업 성적 2위 표창장을 받아들었다.

박수 소리가 들렸다. 스포트라이트 속에서 눈을 가늘게 뜨고 영업 1과 동료들을 바라보았다. 리카가 손을 흔들었다. 들러 팀장은 싱글벙글 웃고 있다. 하야토 선배가 종이 폭죽을 터뜨렸다. 나는 천천히 차오르는 기쁨을 음미했다.

들러 팀장이 온 지 1년이 다 되어간다. 그동안 용기를 북돋우는 방법을 배웠고, Being(존재 방식)을 바꾸었다. 이제는 기능 가치보다 먼저 존재 가치를 인정하고 스스로 용기를 북돋울 줄 안다.

언제부터인지 나의 영업 성적이 부쩍 오르기 시작했다. 고객과 만나는 약속도 이제는 아주 쉽게 잡을 수 있게 됐다. 소개받은 고객이 큰 계약 건을 덥석 맡긴다. 기존 거래처와도 연이어 재계약을 맺었다. 특별히 노력하지 않았는데도 점점 성과가 올랐다. 아니, 아무런 노력도 하지 않은 것은 아니다. 이전에는 그저 괴로웠던 영업이 더는 힘들게 느껴지지 않았다.

나는 마치 롤플레잉 게임을 즐기듯 일했다. 아이디어를 내면 결과가 따른다. 행동을 조금 늘리면 또 결과가 나온다. 그러다 보니 이렇게 스포트라이트를 받으며 표창을 받는 데 이르렀다.

들러 팀장의 말은 사실이었다.

- '돼지도 치켜세우면 나무에 오른다.'
- '사람은 용기만 있으면 저절로 더 나아지려고 노력한다.'
- '현재에 만족해도 사람은 걸음을 멈추지 않는다. 용기만 있으면 보다 높은 목표를 노린다.'
- '못난 자신을 탓하고 질타 격려하는 것은 브레이크를 밟으며 액셀을 밟고 있는 것과 마찬가지다. 그런 짓을 계속하다가는 차가 망가진다. 브레이크에서 발을 떼라.'
- 'Being(존재 방식)을 바꾸고 자신의 존재 가치를 인정하면 기아 상태에서 벗어나고, Doing(행동 방식)에도 긍정적으로 작용하여 결과적으로 기능 가치도 높아진다.'

들러 팀장의 가르침이 진실임을 나는 몸소 증명한 셈이다.

나는 표창장을 받아들고 백여 명의 직원들 맨 앞줄에 마련된 내 자리로 돌아갔다.

두 칸 떨어진 자리에서 쓰요시가 분한 표정으로 나를 노려보고 있었다. 반년 전에 1위를 차지했던 쓰요시의 성적은 5위에 그쳐 틀림없이 불만족스러울 것이다.

그때 내 옆자리에 있던 1위 유가 다정한 미소로 내 손을 꽉 잡았다.

"료, 축하해! 동기가 활약하는 모습을 보니 내 일처럼 기쁘네. 나도 항상 료가 만든 기획서를 참고하고 있어."

유가 내뱉은 뜻밖의 말에 나는 깜짝 놀랐다. 그래, 나 잘하고 있구나. 다른 사람이 그렇게 보는 줄 몰랐다.

유를 시작으로 맨 앞줄에 늘어선 성적 우수자 전원이 차례로 나에게 다가와 오른손을 내밀었다.

축하해, 정말 축하해!

나는 무심코 쓰요시를 쳐다보았다. 이런, 눈이 마주쳤다. 쓰요시는 마지못해 일어나 나에게 손을 내밀었다. 기분 탓인지 축하한다는 목소리가 작게 들렸다.

식순이 바뀌면서 영업 1과 자리로 돌아가자 리카가 내게 악수를 청했다.

"료! 하면 되잖아! 나는 료가 반드시 해낼 사람이라고 믿었어. 축하해! 꺄아, 진짜 신난다."

그리고 포옹도 해주었다. 어랏, 지금 나를 포옹해 주는 거야? 나는 리카에게 안겨 있는 동안 두 손을 어디에 둬야 할지 몰라 허둥댔다.

리카가 몸을 뗀 순간, 그저 얼이 빠져 그녀의 온기조차 제대로 느끼지 못했음에 후회가 밀려왔다. 내 어깨에 리카의 어깨가 닿았구나. 은은한 향수 냄새가 번졌다.

'쳇!' 하고 어디선가 혀를 차는 소리가 들렸다. 뒤돌아보니 쓰요시였다.

"아, 3과 쓰요시잖아! 대단하다. 이번에도 표창받고. 정말 축하해!"

리카는 쓰요시가 혀를 찬 줄도 모르고 악수를 청했다. 그런데 그는 악수를 거부했다.

"5등은 표창받은 축에도 안 들어가. 그래서 전혀 기쁘지 않아!"

그러고는 빙글 돌아서더니 멀어져 갔다.

"오, 멋지다…. 능력 있는 남자는 역시 다르네."

리카가 감탄하며 소리쳤다. 하지만 그녀는 모른다. 쓰요시는 나를 질투한 것이다.

"료. 축하해! 빵야!"

들러 팀장은 나의 오른팔을 거칠게 끌어당겨 꽉 껴안았다.

키가 작은 들러 팀장의 머리는 나의 가슴에, 두 손은 어깨가 아닌 허리에 감겨 있다. 리카의 포옹처럼 두근거리지는 않지만 들러 팀장의 상냥함이 스며들었다.

가만히 5초가량 포옹한 뒤 들러 팀장이 두 손을 떼고 갑자기 화제를 바꿨다.

"그런데, 료. 3과의 쓰요시를 어떻게 생각하지?"

들러 팀장이 내 마음을 꿰뚫어 본 것 같아 당황스러웠다.

“그는 아무래도 성적 5등이 불만인 모양이더군. 그리고 리카에게 포옹을 받은 자네를 질투했어. 그는 항상 경쟁해. 항상 이기려 하고. 아니, 이겨야만 한다고 생각하지. 그에게는 진짜 용기가 부족한 거야. 참으로 고달픈 인생인 거지.”

뭐? 자신만만한 쓰요시에게 용기가 부족하다고? 항상 1위 자리를 두고 경쟁하며 높은 성적을 거두고 있는 그가? 말도 안 돼.

어느새 행사가 끝나고 행사장에는 몇 명밖에 남지 않았다.

그곳에는 들러 팀장과 나, 그리고 테이블과 의자를 정리하고 있는 식전 담당 직원만 있었다.

들러 팀장과 나는 홀 구석에 걸터앉아 이야기를 이어갔다.

"용기가 없는 사람은 자신이 존재 가치가 없다고 생각하지. 그래서 필사적으로 기능 가치를 추구하며 경쟁하는 거야. 승리해서 다른 사람에게 좋은 평가를 받지 못하면 자신의 가치가 없어질까 봐 초조해하고. 그래서 피라미드의 정점에 선 사람이 제일 힘들다네. 바로 쓰요시가 그렇지."

나는 쓰요시의 미간에 자리 잡은 세로 주름 세 가닥을 떠올렸다. 그러고 보니 나도 늘 초조했었다. 하기야 나는 '밑바닥에서 벗어나고 싶다, 정상에 오르고 싶다'는 생각으로 가득했으니 쓰요시와는 다른 경우이지만.

지금은 들러 팀장과 리카 같은 믿음직한 동료에게 둘러싸여 매우 평온한 상태로 지낸다. 쓰요시도 이걸 알면 초조해하지 않을 것이다.

"용기 있는 사람은 자신의 존재 가치를 잘 알아. 그래서 기능 가치가 없어도 자신은 사람들의 사랑을 받고, 동료가 있고, 설 자리가 있다고 생각해. 긴장을 풀고 있지. 그러니 지나치게 경쟁에

매달릴 필요가 없어. 기아 상태에 있지 않으니 긴장을 풀고 일을 즐길 여유가 있단 말이야. 그리고 협조할 수도 있고."

나는 이번에 1등을 한 유를 떠올렸다. 온화한 표정으로 나에게 쓱 오른손을 내밀며 "동기가 활약해서 내 일처럼 기뻐.", "나도 항상 료가 만든 기획서를 참고하고 있어."라고 내게 말해줬었다. 그렇구나. 유는 마음의 연료인 용기가 가득하구나.

나의 머릿속에 언제나 미간을 찌푸리며 혀를 차는 쓰요시와 온화하고 부드러운 표정을 짓는 유의 얼굴이 번갈아 떠올랐다. 왜 둘은 이렇게 다를까? 괴로워하면서 끊임없이 노력하는 쓰요시와 힘을 빼고 훌쩍 목표를 달성하는 유.

가만, 분명 들러 팀장은 용기의 문제라고 이야기했다. 들러 팀장의 말에 따르면 쓰요시는 용기가 없어서 초조해하는 것이다. 자신의 존재 가치를 깨닫지 못해서 필사적으로 자기 부정을 하며 노력하고 있다. 브레이크를 밟으며 액셀을 밟고 있는 셈이다.

그렇다면 쓰요시는 예전의 나처럼 자기를 싫어하고 두려워하는 것일까.

아니, 그럴 리 없다. 언제나 자신만만하고 사람을 깔보는 듯한 태도로 봐서 분명히 예전의 나와는 다를 것이다. 나는 이것도 들러 팀장에게 물어보고 싶었다.

"팀장님, 쓰요시에게 용기가 부족하다는 말이 와닿지 않아요. 그 녀석은 언제나 자신만만해서 저는 안중에도 없을 텐데요."

들러 팀장은 검지를 내밀며 "빙고!"라고 외쳤다.

"그래, 그거야. 아들러는 그런 태도를 우월 콤플렉스라고 불렀지. 남을 깔보고 강한 척하는 것. 바로 강한 열등감의 반증이지."

들러 팀장은 확신에 차서 말을 이었다.

"정말 자신 있고 용기 있는 사람은 그렇게 행동하지 않거든. 부자는 싸움을 안 한다고 하잖나. 유유자적한 태도로 상냥하게 사람을 대할 수 있거든. 그러니까 쓰요시는 강한 게 아니라 강한 척하는 거야."

나는 생각에 잠겼다. 자신만만한 쓰요시와 자신감이 없어 두려워하던 나. 사실 둘은 동류였다. 둘 다 용기가 없었다. 그것이 정반대인 태도로 드러났을 뿐이다.

"그럼 유는 왜 그렇게 여유롭고 상냥하고 편안해 보일까요? 어떻게 마음의 연료인 용기를 보충하고 있을까요? 제가 팀장님에게 배운 것처럼 자신을 부정하지 않고, 싫은 마음을 다각도에서 관찰하며 긍정적으로 리프레이밍하고 있을까요?

나는 호기심 가득한 목소리로 물었다.

들러 팀장은 아직 매미 울음소리가 끊이질 않는 이 시기에 벌써 스리피스를 차려입고 있었다. 그래서 이마에는 땀이 흘러 반으로 가른 머리카락이 얼굴에 찰싹 달라붙어 있다. 그러나 그는 전혀 개의치 않고 조끼 가슴 주머니에서 볼펜 한 자루를 빼내 빙글빙글 돌렸다.

"아니, 유는 그 정도쯤은 어렸을 때부터 자연스럽게 했을 거야. 아마 부모님의 영향을 받은 게 아닐까? 그러니 스스로 자신의 용기를 북돋우고 있다는 사실조차 모르고 있을 거야. 그리고 유는 이미 그다음 단계까지 간 거 같아. 그게 뭔지 아나?"

들러 팀장은 나보고 답하라는 뜻으로 펜을 손가락에 끼우고 장난꾸러기처럼 고개를 갸우뚱했다.

"네? 자신의 용기를 북돋우는 다음 단계라고요? 뭘까요? 모르겠어요."

들러 팀장은 득의양양하게 펜을 다시 빙글빙글 돌렸다. 즐거운 듯 나를 애태우더니 천천히 입을 열었다.

"자신의 용기 북돋우기, 그다음 단계는 말이야, 상대방의 용기를 북돋우는 거야. 료. 자네는 유에게서 용기를 얻지 않았나?"

사실이었다. 유는 내가 2등을 하자 자기 일처럼 기뻐했고, 내가 만든 기획서를 인정해 주었다. 그때 분명 나는 유의 말에 용기를 얻었다.

"알겠지? 이번 일을 잘 기억해 두도록 해. 상대의 용기를 북돋우면 자신의 용기도 덩달아 올라가거든. 이건 말이야, 스스로 자신의 용기를 북돋우는 것 이상으로 큰 용기를 북돋울 수 있는 거야."

상대에게 용기를 불어넣어 줄 때 내 용기가 커진다고?

"용기란 어려움을 극복하는 활력이야. 용기가 있다는 말은 '나는 상대방에게 공헌할 수 있고 누군가에게 도움이 될 수 있다. 고로 나는 가치 있고 능력이 있다.'라고 생각할 수 있는 상태라는 뜻이야."

쉽게 이해가 되지 않았다. 용기는 무슨 일을 할 때 도전할 수 있는 정신 아니던가?

"자네가 누군가의 용기를 북돋울 때, 아마 상대는 '자신에게 능력이 있고 가치가 있다.'라고 생각할 거야. 그렇게 생각하는 그의 표정은 확 밝게 빛날 테고. 그러면 그에 이끌려 자네의 표정 역시 빛날 거야. 그 순간 자네는 '나는 상대방에게 도움이 되고 있다.'라고 확실하게 실감할 수 있어. 상대에게 용기를 주는 그 순간에 자네도 용기를 얻는 거야. 상대방의 용기를 북돋우면 자신도 용기를 얻게 되는 순환이지."

앗. 그랬구나! 유는 많은 사람에게 상냥한 말을 건네고, 사람의 용기를 북돋우고 있다. 그럼으로써 동시에 자신도 용기를 얻고 있다. 그렇기에 그의 마음에는 연료가 언제나 가득한 것이다.

그렇구나. 그런 원리였구나. 유는 정말 멋진 순환을 만들어내고 있었다. 상대방을 행복하게 하면서 동시에 자신도 행복해지는 법을 알았던 거다. 아, 나도 유 같은 사람이 되고 싶다.

한편, 쓰요시는 어떨까. 나에게 혀를 차고 마지못해 악수를 청하며 불쾌한 표정을 짓는 그. 쓰요시는 나의 용기를 꺾어 마음의 연료가 줄게 만들었다.

그렇다면 쓰요시의 연료는 어떻게 되었을까? 늘었을까? 줄었을까?

그렇다! 분명 쓰요시의 용기도 줄었을 것이다. 쓰요시도 바보가 아니니 알아차리지 않았을까. 나를 유처럼 순수하게 축복하지 못하고 비꼬인 자신이 부끄러웠을 것이다. 분명 후회하고 있지 않을까.

상대방의 용기를 북돋우면 자신도 용기를 얻는다. 그리고 상대방의 용기를 꺾으면 자신의 용기도 꺾인다. 상대의 용기를 북돋우는 긍정의 순환, 상대의 용기를 꺾는 부정의 순환, 이 얼마나 극단적이고 정반대의 관계인가. 나는 반드시 유처럼 긍정의 순환을 만들어야겠다. 마음속 깊이 그렇게 다짐했다.

그리고 그 순간 깨달았다. 들러 팀장도 긍정적인 순환을 만들고 있다. 들러 팀장은 나를 비롯해 매일 많은 사람에게 용기를 준다. 그럼으로써 들러 팀장 자신도 용기를 얻는 것이다.

들러 팀장의 마음에는 언제나 연료가 가득해서 매일 저렇게 즐거운 모양이다. 그래서 호감을 부르며 미워할 수 없는 사랑받는 캐릭터가 된 것이다. 그렇구나, 그래서였구나! 나는 들러 팀장 쪽을 돌아보며 소리쳤다.

"팀장님, 알겠어요! 저도 상대방에게 용기를 주는 사람이 되겠어요! 긍정적인 순환에 저도 동참하게 해주세요! 앗, 통화 중이셨군요. 죄송합니다."

세상에, 어느새 들러 팀장은 휴대전화로 누군가와 진지하게 이야기를 나누고 있었다. 그런데 지금까지 한 번도 본 적 없는 심각한 표정이다. 들러 팀장이 이런 표정을 지을 때도 있구나. 도대체 무슨 일일까.

들러 팀장은 놀란 나를 보지 못하고 계속 이야기했다.

"그란디 어쩔 수 없어라. 조만간 후쿠오카로 돌아갈 텡께. 그려, 잉. 일하는 중이니께 끊어요잉."

"들러 씨. 괜찮아요? 가족에게 무슨 일이라도 있나요?"

들러 팀장은 빙글 돌며 동시에 활짝 웃었다. 웃는다기보다는 '웃음을 만들었다'라는 표현이 맞을 정도로 어색했다. 평소의 들러 팀장 같지 않았다.

"아니, 아무것도 아니야. 자네는 신경 쓰지 않아도 돼. 그보다 어때? 자네에게 숙제를 내주지. 하루에 한 가지씩, 매일 누군가를 기쁘게 하는 거야. 용기를 북돋아 주는 말을 해도 좋고, 일을 도와줘도 좋아. 웃는 얼굴을 보여줘도 되고, 고맙다고 말해도 좋지. 매일 누군가의 마음에 연료를 넣는 거야. 그게 자네의 숙제야. 알겠지?"

"네, 알겠어요. 해 볼게요."

들러 팀장이 조금 걱정되었지만 나는 새로운 숙제에 도전하기로 마음먹었다.

아들러
심리학
들여다보기

'매일 누군가를 기쁘게 하는' 것은 '공동체 감각'을 키우는 것

아들러는 저서 《성격 심리학Menschenkenntnis》에서 '공동체 감각'을 구별하는 방법을 다음과 같이 설명했다.

"얼마나 기꺼이 다른 사람을 돕고, 격려하고, 기쁘게 할 용의가 있는지 알아보면 그 사람의 공동체 감각을 쉽게 가늠할 수 있다."

더불어 《심리학이란 무엇인가What Life Should Mean to You》에서 그 중요성에 대해 다음과 같이 언급했다.

"모든 잘못(중략)이 잘못인 것은 공동체 감각이 결여되어 있기 때문이다."

"나의 모든 노력은 환자의 공동체 감각을 높이기 위함이다. (중략) 같은 인간에게 대등하고 협력적인 입장에서 밀접한 관계를 맺는다면 바로 치유

된다.”

여기에 더해 ‘유익한 사람’이 되기 위한 힌트도 제시했다.

“몇 번이고 거듭하여 개인심리학(아들러 심리학)은 ‘공동체 감각’과 ‘용기’라는 표어를 보여주어야 한다.”

이번 장에서 들러 팀장이 료에게 내준 숙제 ‘매일 누군가를 기쁘게 한다’는 바로 ‘공동체 감각’을 발전시키는 일이다. 첫 번째 단계 ‘자기 자신의 용기 북돋우기’를 졸업한 료는 드디어 ‘상대방의 용기 북돋우기’라는 다음 단계로 나아간다. 그리하여 료의 도전은 계속된다.

✦ 8장 ✦

누군가를 기쁘게 해줄수록 무시당해요

선의에서 행한 일이 오해를 불러오는 일은 비일비재하다. 그렇게 되면 자신의 선의를 자책하고 원망하게 된다. 그럼 누구의 잘못일까? 선의를 행한 자일까, 아니면 오해한 사람일까? 오해를 받았다면 상대의 심보가 고약하기 때문이다. 아니면 선의를 한 번도 행해 본 적 없는 사람일지 모른다. 그러니 당신의 의지가 '선의'라고 자신한다면 위축되지 마라. 결정은 당신의 과제이다.

★ 아들러 심리학 가르침 ★

상대방에게 보답을 바라지 않고
먼저 자신부터 시작한다.

"도대체 누구야?"

아침 댓바람부터 리카가 큰소리로 외쳤다. 놀란 나는 무슨 일이냐고 물었다.

"탕비실에 있던 커피잔들 말이야. 오늘 아침에 한꺼번에 씻으려고 두고 갔는데 어느새 전부 설거지가 되어 있잖아. 도대체 누가 한 거야?"

그 일이 이렇게 주목받을 줄이야. 나는 쭈뼛쭈뼛 리카에게 답했다.

"미, 미안해. 리카. 내가 한 거야. 괜한 짓 한 거야? 덜 닦인 데가 있다면 사과할게."

"뭐? 료가 씻어준 거야? 진심? 꺄아, 고마워!"

리카가 또 나를 껴안았다. 앗, 그녀의 마르고 가는 어깨가 나의 쇄골 언저리에 부딪혔다. 저번보다 더 세게 포옹하는 것 같다. 기분 탓이려나.

들러 팀장의 숙제 '매일 누군가를 기쁘게 한다'를 실행했을 뿐인데. 그 결과는 정말 굉장했다! 리카를 기쁘게 하면 이렇게 멋진 혜택이 따라온단 말인가.

"이거 놀라운데. 료, 제법인걸. 내 잔도 씻어줬네. 고마워."

하야토 선배 또한 반색했다. 누군가에게 도움이 되고 감사받으면 이처럼 상쾌한 기분이 드는구나. 들러 팀장의 숙제는 언제나 효과가 뛰어난걸.

그런 생각에 잠겨 있는데 뒤쪽에서 가시 돋친 시선이 느껴졌다. 우리 자리에서 두 분단 옆으로 떨어진 영업 3과 쓰요시다.

"칫" 하고 멀리서도 그의 혀를 차는 소리가 또렷하게 들렸다. 내가 있는 곳까지 들리지는 않았지만 쓰요시가 한두 마디를 더 중얼거리자 그쪽 팀원들 모두가 일제히 웃었다. 그중 몇 명은 내 쪽을 보면서 계속 히죽거렸다. 좋지 않은 반응이다. 그들은 나를 바보 취급하고 있는 게 틀림없었다. 잘 보여서 점수를 따려는 사람, 누군가에게 아부를 떠는 사람, 분명 그렇게 말하는 것이다.

젠장, 쓸데없는 짓을 하지 말 것을 그랬다. 선불리 눈에 띄면 제대로 되는 일이 없지 않은가.

그럼 우리 과 사람들은 어떤 반응을 보일까? 나는 황급히 우리 1과 팀원을 쭉 둘러보았다. 이렇게 주변이 커피잔 일로 떠들썩한데 후배 이치로는 전혀 관심 없는 얼굴로 컴퓨터 화면을 쳐다보고 있다.

어젯밤에 설거지할 때 매직으로 크게 적힌 '이치로' 잔도 씻었다. 저 녀석, 후배인 주제에 선배인 나한테 고맙다는 말도 안 하다니. 나는 불쾌해졌다.

그날은 외출할 일이 없어 온종일 사내에서 사무작업을 했다. 그러다 보니 괜히 계속 같은 생각만 맴돌아 끙끙 앓았다.

'쓸데없는 짓을 하지 말았어야 했어.'

그런 생각을 하다 보니 일이 조금도 손에 잡히지 않았다. 시계를 보니 퇴근 시간이다.

에이, 모르겠다. 오늘은 그만 집에 가자. 이제 '누군가를 기쁘게 하는' 일은 하지 말자. 그렇게 결심하며 일어섰다.

"오늘은 먼저 가보겠습니다."

애써 씩씩한 목소리로 인사했다.

어, 빨리 가네. 선배가 말했다. 피식 웃으며 나가려는데 책상 위에 놓아둔 머그잔이 눈에 띄었다. 잔을 집어 들고 탕비실로 향했다. 싱크대에는 잔이 가득했다. 마음이 불편했지만 일부러 컵을 씻지 않고 돌아섰다.

"오늘은 컵을 안 씻을 건가?"

엘리베이터 홀의 벤치에 앉아 있던 들러 팀장이 큰 소리로 물었다. 여느 때처럼 바닥에 닿지 않는 짧은 다리는 흔들리고 있었다. 내 마음을 꿰뚫어 본 것 같아 조금 부끄러워졌다.

들러 팀장은 일절 개의치 않고 말을 이었다.

"'남의 시선만 신경 쓰는 사람은 자기 생각밖에 안 하는 사람이다.' 아들러가 한 말이지. 료. 자네는 오늘 내내 계속 남의 시선을 신경 쓰더군. 쓰요시와 이치로, 그리고 모두의 시선 말이지. 자네는 자기 생각만 했어."

나는 질책 받은 것 같아 기분 나빴지만 어떤 대꾸도 할 수 없었다. 그런 나를 무시하고 그는 벤치에서 뛰어내려 엘리베이터 버튼을 눌렀다.

"지금까지 기다리고 있었어. 같이 퇴근하자고."

들러 팀장의 제안으로 우리는 히비야 공원을 가로질러 도쿄역에서 두 정거장 떨어진 신바시역으로 향했다.

10월 초순, 저녁 다섯 시 반이 넘어가자 밖은 벌써 캄캄해졌다. 하늘에는 하얀 달이 떠 있었다. 나와 들러 팀장은 분수광장 벤치에 앉았다. 빨간색, 초록색 등이 차례로 변하며 분수를 비추었다.

"료. 사람의 마음은 참으로 다양하다네. 저 분수를 비추는 일곱 빛깔 조명과도 같지."

나는 리카의 포옹과 하야토 선배의 웃는 얼굴을 떠올렸다. 이어 쓰요시의 깔보는 표정, 그리고 이치로의 차가운 옆모습도 떠올렸다.

확실히 사람마다 같은 일에 서로 다른 반응을 보였다.

"아들러 심리학에서는 '사람은 송곳니나 날카로운 발톱도 없는 나약한 동물이다. 따라서 서로 돕고 협력하지 않으면 살아갈 수 없고, 자신만 좋으면 된다고 생각하는 사람은 살아갈 수 없다.'라고 말하지."

들러 팀장이 계속해서 말을 이었다.

"그래서 누군가에게 도움이 되는, 즉 남에게 공헌하는 것이 우리에게 가장 중요하고, 공헌했을 때 사회에서 자신의 설 자리를 발견하고 편안함을 느끼게 되는 거지. 이를 '공동체 감각'이라고 해. 상대방이나 공동체를 자기 일처럼 소중히 여기는 감각을 말해. 내가 숙제로 내준 '매일 누군가에게 도움이 된다'가 바로 그 감각을 키우기 위함이라네."

역시 미국에서 경험을 쌓은 사람답다. 이처럼 들러 팀장이 논리적으로 설명하면 나는 순순히 수긍하게 된다.

그런 이치를 쓰요시와 이치로는 받아들이지 않았다. 그들은 나를 거절했다.

나는 들러 팀장에게 따지듯 말했다.

"그 말은 알겠지만 쓰요시는 그런 저를 바보 취급하며 웃음거리로 만들었고, 이치로는 전혀 모르는 척했어요. '공동체 감각'이 아무리 중요하다지만, 저 혼자 나선다고 되는 일이 아니잖아요? 감사도 못 받고 바보 취급을 받을 바에는 안 하는 게 나아요."

고개를 돌려 보니 10월에 접어들었는데도 들러 팀장의 이마에는 구슬땀이 맺혀 있었다. 안경이 뿌옇게 흐렸고 스리피스 정장을 입은 등은 땀 얼룩으로 가득했다. 하지만 들러 팀장은 전혀 개의치 않고 열변을 토했다.

"그거야, 그거! '공동체 감각'에서 중요한 게 바로 그거야. 혼자 나서야만 하지. 상대방에게 칭찬받고 인정받기 바라서는 안 돼."

나는 콧방귀가 뀌어지는 것을 가까스로 참았다.

"상대방에게는 상대방만의 사고방식이 있어. 기뻐하고 감사하는 사람도 있고, 쓸데없는 참견이라며 거절하는 사람도 있지. 분수 조명처럼 사람마다 각기 여러 빛깔 빛을 낸다네. 모두에게 감사받기란 불가능하지. 만약 모두를 기쁨으로 몰아넣고자 한다면 사람들 눈치 보는 데 급급해서 아무런 공헌도 할 수 없어."

들러 팀장은 숨이 차는지 말을 잠깐 끊었다가 계속이었다.

"무슨 말이냐면 말이야. 거절을 당하든, 바보 취급을 당하든, 무시를 당하든 상관없다는 거야. 자네가 자네 나름의 선의로 '상대방을 위해서' 한다는 믿음을 가지고 행동했다면 그걸로 만족해야 하지. 그러니 혼자 나서도 된다고!"

혼자 나서도 되다니. 거절당해도, 바보 취급당해도, 무시당해도 괜찮다. 그렇게 생각할 수도 있다니….

그렇게 된다면 내 마음은 얼마나 편해질까. 하지만 이기적인 강요와 변명으로 가득해지지 않을까. 머릿속에 잇달아 의문이 떠올라 소용돌이쳤다.

그런 내 마음을 꿰뚫어 본 듯 들러 팀장이 계속 이야기했다.

“아들러 심리학에서는 ‘그것은 누구의 과제인가?’라는 질문을 중요하게 생각해. 리카 대신 모두의 머그잔을 씻을까 아니면 씻지 말까? 그 결말을 맡은 것은 자네야. 그러니 컵을 씻느냐 안 씻느냐는 료의 과제지.”

여기까지 맞는 말이다.

"하지만 말이야, 료가 한 일에 대해 리카, 이치로, 쓰요시는 각각 어떻게 반응할까? 자네에게 감사해할까 아니면 점수 따기라고 비난할까? 그것을 결정하는 것은 그들이란 말이지."

맞다. 그건 당연하다. 그동안 나도 어떤 일에 고마움을 전하거나 그냥 넘어가거나, 아니면 빈정거리는 것 모두 내 결정에 따른 것이었다.

"컵을 씻을지 안 씻을지는 료의 과제이고, 그에 대해 어떻게 반응할지는 그들의 과제야. 이런 식으로 '그것은 누구의 과제인가?'를 분명히 하는 것, 자신의 과제에만 집중하는 것, 남의 과제를 해결하지 않는 것이지. 아들러 심리학에서는 이를 '과제의 분리'라고 부른다네."

들러 팀장은 또 검지를 세웠다.

"남의 과제에 간섭하면 대인관계에 문제가 생기고, 남의 과제를 짊어지게 되므로 자신도 힘들어지지. 할 수 없는 일을 하려고 하니 당연히 힘든 거야. 따라서 자네는 자네의 과제만 생각하면 돼!"

그렇구나. 내가 가슴을 쥐어뜯고 싶을 정도로 괴로웠던 것은 할 수 없는 일을 하려고 했기 때문이다. 감사받고 싶고, 인정받고 싫고, 바보 취급당하고 싶지 않다. 하지만 모두 내가 아닌 상대의 과제다. 내가 상대방의 마음을 좌지우지할 수 없다. 불가능한 일을 하려고 하니 괴로운 것이다.

들러 팀장의 말을 들으며 그동안 나를 짓누르던 무거운 짐을 내려놓는 기분이 들었다. 이제 아까처럼 괴롭지 않았다.

그렇지만 또 다른 생각이 머릿속을 맴돌았다. 들러 팀장의 말대로 '과제의 분리'를 잘할 수만 있다면 마음은 한결 편해질 것이다. 하지만 그렇게까지 하면서 '누군가를 기쁘게 할' 필요가 있을까? 상대를 위해 행동해도 감사는커녕 점수 따기라며 바보 취급을 당한다. 그렇게 손해만 볼 바에야 차라리 아무것도 하지 않는 편이 낫지 않을까?

그때 들러 팀장이 분수를 등지고 슬며시 일어나 내 오른손을 살포시 쥐었다.

역광 때문에 들러 팀장이 어떤 표정을 짓고 있는지 알 수 없었다. 그러나 그의 등을 타고 희미하고 부드러운 하얀색 빛이 번졌다. 그 모습은 마치 예수 그리스도가 강림하는 모습처럼 보였다. 들러 팀장이 중얼거리듯이 말했다.

"누군가 시작해야 한다. 보상받지 못하고, 인정받지 못하더라도. 누군가 시작해야 한다. 그렇다면 당신부터 시작하라. 아들러는 그렇게 이야기했지. 나는 진심으로 그 말이 옳다고 생각해. 료. 그러니 자네가 시작하는 거야. 보상받지 못하고 그 누구에게도 인정받지 못하더라도 말이야."

이 말은 어디선가 들은 기억이 있다. 왠지 아주 중요한 일인 것 같아 필사적으로 기억의 실마리를 더듬었다.

기억났다. 들러 팀장에게 가르침을 받은 나의 전 상사 야마모토 과장에게 받은 카드에 적혀 있던 말이다. 내가 입사 3년 차에 신입 교육을 담당하게 되었을 때 야마모토 과장이 선물한 카드였다. 분명 명함 지갑에 넣어 두었는데 어디 보자. 나는 오른손을 들러 팀장에게 맡긴 채 왼손으로 주머니를 더듬었다. 찾았다!

"팀장님, 죄송해요. 오른손 좀 잠깐만요."

나는 오른손을 풀어 명함 지갑을 열었다. 있다! 이거다!

카드에는 '리더십 역설적 십계명' 켄트 M. 키스라고 적혀 있다. 분명히 그중에 한 구절이 들러 팀장이 했던 말과 같았다. 나는 빠르게 읽어내려갔다.

"좋은 일을 하면 사람들은 숨겨진 이기적 동기가 있다고 손가락질한다. 그래도 좋은 일을 해라."

"도움이 필요한 곳에 도움의 손길을 내밀면 오히려 공격받기도 한다. 그래도 남을 도와라."

"세상을 위해 최선을 다해도 그 보상으로 끔찍한 처사를 당할 수 있다. 그래도 세계를 위해 최선을 다하라."

아. 그런 말이었구나. 그러나 아쉬운 것은 왜 그래야 하는지 이유가 하나도 적혀 있지 않았다. 그리고 그 행동을 취했을 때의 이점도 적혀 있지 않았다. 그런 것은 처음부터 존재하지 않는 것이다. 그 행동에는 이점도 이유도 없다. 그렇기에 '그래도' 해야 하는 것이다.

득실을 초월한 세계.

손해를 무릅쓰고 한 발 내딛는 세계.

누군가는 해야 하니까.

그것을 옳다고 생각하는 사람이 먼저 시작해야 한다.

야마모토 과장의 말이 귓가에 다시 맴돌았다.

"누군가는 해야 하지만 아무도 하려고 하지 않는 것, 그것을 하는 게 리더다. 료. 자네는 언젠가 리더가 될 거야."

맞다. 그도 이 카드를 예전에 들러 팀장으로부터 선물 받았다고 했다. 그동안 자신이 얼마나 이 말에 많은 용기를 얻었는지. 반드시 내가 알게 될 날이 올 거라고 장담했다. 소중히 간직하라면서.

들러 팀장의 검은 음영이 물끄러미 카드를 보고 있는 듯했다. 역광 때문에 표정이 잘 보이지 않아 확신할 수는 없었다. 하지만 목소리만큼은 또렷하게 들렸다.

"료. 자네가 시작하는 거야. 자네는 언젠가 리더가 될 거야. 그리고 나는…."

그 뒷말은 들리지 않았다. 들러 팀장이 일부러 말하지 않았는지도 모른다.

이야기를 마치고 나는 들러 팀장과 함께 신바시역으로 향했다. 가는 길에 들러 팀장과 더 많은 이야기를 나누고 싶었지만 그의 굳은 표정을 보고 더 이상 말을 꺼낼 수 없었다.

"그럼 이만. 조심해서 들어가. 수고했어."

개찰구 앞에서 인사를 건넨 들러 팀장이 내 손을 잡았다. 그리고 나의 눈을 빤히 쳐다보다가 작은 목소리로 말했다. "잘 부탁한다."

네? 그게 무슨 말씀이세요? 나의 질문을 못 들었는지 들러 팀장은 그대로 등을 돌리고 잽싸게 개찰구로 들어갔다. 그러고는 한 번도 뒤돌아보지 않고 인파 속으로 사라졌다.

이번 숙제는 도대체 무엇일까? 들러 팀장은 나에게 아무런 설명도 하지 않았다. 하지만 들러 팀장이 하고 싶은 말을 알 것 같다. 나는 마음에 새기듯 소리 내어 말해 보았다.

"상대방의 보답을 바라지 않고 먼저 자신부터 시작한다."

분명 들러 팀장은 이 말을 하고 싶었을 것이다.

좋아, 스스로 숙제를 내고 해 보자. 당당하게 한번 해 보자고. 나는 들러 팀장과 히비야 공원에서 보낸 한 시간 사이에 조금 더 어른이 된 기분이었다.

아들러
심리학
들여다보기

'지배하지 않는다'와 '복종하지 않는다'라는 두 과제의 분리

아들러 심리학에서는 대인관계의 '과제의 분리'를 중요하게 생각한다. '그것은 누구의 과제인가?'라는 물음을 던지고 상대와 자신 사이에 경계선Boundary을 긋는다. 그리고 자신이 경계선을 밟거나 상대방이 넘어오지 않도록 한다.

상대가 결정해야 할 과제에 함부로 간섭하는 것을 '지배'라고 부른다. 또 반대로 자신이 결정해야 할 과제에 상대방의 간섭을 허용할 뿐만 아니라 그의 주장에 따르는 것을 '복종'이라 한다.

자신에 대한 상대의 반응에 지나치게 신경 쓰거나 눈치를 보면서 본의 아닌 행동을 취하는 것 또한 '복종'의 일종이다. 아들러 심리학에서는 '지배'

도 '복종'도 모두 바람직하지 않은 행동으로 여긴다.

이번 장에서 료는 상대방의 반응에 지나치게 신경 쓴 나머지 본의로 했던 '컵 씻기'를 그만둔다. 즉 '복종'하고 만 것이다. 이는 '과제의 분리'가 이루어지지 않았다는 증거이다. 이대로 가면 료는 자기 삶이 아닌 타인의 기대에 부응하는 삶을 살게 될 것이다. 그것이 바로 들러 팀장이 지적한 것이다. 자, 료는 앞으로 어떻게 행동하는 삶을 선택해야 할까?

[도표 4] 과제의 분리 - '지배'와 '복종'

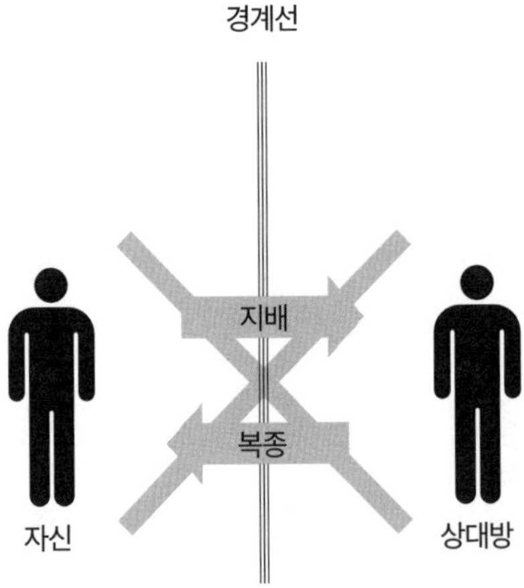

✦ 9장 ✦

다른 의견일 뿐 공격이 아니랍니다

사람은 누구나 자기 의견에 반론이 들어오면 당황한다. 논리적 반격이라면 그나마 인정해 줄 수 있지만 주관적이고 평정심을 잃은 반론은 화를 돋운다. 그러나 어떠한 반론도 싸우자고 덤비는 공격이 아니다. 그저 상대가 자기 생각의 범주 안에서 뽑아낸 의견일 뿐이다. 그렇기에 이런 반론에 감정적으로 대응하면 불상사가 일어나기 십상이다. 공격이 아니므로 당신이 먼저 칼을 꺼내면 안 된다.

★ 아들러 심리학 가르침 ★

자신과 다른 의견을 공격으로 간주하지 않는다.
상대방과 다른 의견 말하기를 두려워하지 않는다.

과 정례회의가 끝나고 회의실을 나가는 나에게 들러 팀장이 말을 걸었다. 확실히 알아듣지 못해서 나도 모르게 큰 소리로 되물었다.

"태스크 포스 프로젝트Task Force Project? 그게 뭐죠?"

순간 하얀 요리사 복장을 한 들러 팀장이 '포크'를 들고 있는 모습이 떠올랐다. 그러나 그런 의미가 아니라는 것쯤은 바로 눈치챘다. 내가 이상한 표정을 짓자 들러 팀장이 도움의 손길을 내밀었다.

"태스크 포스! 아이 민I mean, 여러 부서가 수평적으로 하나의 과제를 위해 함께 프로젝트를 짜는 것을 말하지. 료. 액츄얼리

Actually 유you가 우리 1과 대표로 선발됐어. 아이 민I mean…, 유you가 자랑스럽게 여기면 좋겠어!"

미국에서 살았던 들러 팀장의 영어 스위치가 켜진 모양이다. 보통 다른 사람에게 이런 말을 들으면 미국물이 들었다, 젠체하는 녀석으로 치부할 것이다. 하지만 들러 팀장이 하면 왠지 밉지 않았다.

그러고 보니 9월 말에 내가 영업 성적 2위로 표창을 받은 후 주위의 시선이 확연히 달라졌다. 이번 발탁도 그 일환이지 않을까?

아무래도 나는 이제 회사에서 '능력 있는 녀석'으로 보이기 시작한 모양이다. 조금 기쁘기도 하고 동시에 긴장되었다.

"아, 네. 알겠어요. 그런데 프로젝트의 주제가 뭔가요?"

"광고업계는 장시간 노동과 무급 야근 등 만성적인 문제를 안고 있지. 매출을 그대로 유지하면서 야근 줄이기가 프로젝트의 주제야. 경영진이 진심으로 해결하고 싶은 문제라네. 눈앞의 속임수가 아니라 근본적으로 해결해야 해."

"알겠습니다."

"각 부서에서 에이스를 선발해 과제를 해결하기로 했기에 자네가 뽑힌 거야! 유 노 왓 아이 민?"

들러 팀장은 여느 때처럼 양 손바닥을 위로 펼치고 어깨를 올렸다 내렸다. 이제 이런 행동은 이미 익숙해져 나는 그저 무시했다. 그리고 야근 문제에 대해 생각했다.

야근은 그동안 직원들 사이 여러 차례 문제시되었다. 하지만 경영진은 효과적인 해결책을 내놓지 못한 실정이다.

그동안 퇴근하지 않더라도 정시에 타임 카드를 찍도록 해 '무급 시간 외 근무'는 어물쩍 넘어가고 있었다. 이를 뿌리 뽑기란 쉽지 않다. 이 프로젝트는 만만치 않겠는걸. 다시금 어깨가 무거워졌다.

"료? 헤이! 유! 빵야! 빙고!"

무슨 뜻이지? 나는 들러 팀장의 말과 행동이 무슨 의미인지 도무지 알 수 없었다. 나는 그의 말을 가볍게 받아넘기며 야근 문제를 어떻게 해결해야 할지 조용히 생각하기 시작했다.

"료! 오늘도 컵 씻어줬구나. 고마워!"

갑자기 리카가 소리치며 다가왔다.

"나는 료처럼 상냥한 사람을 남편으로 삼고 싶어. 왠지 나를 아껴준다는 기분이 들거든. 그치, 료!"

그렇게 말하고 리카는 내 팔을 잡았다. 기분 탓일까. 요즘 그녀가 나한테 스킨십하는 일이 많아졌다. 프로젝트에 발탁된 것보다 몇 배는 기뻤다. 심장이 두근거리고 싱글벙글 웃음이 나왔다.

"휘익! 훽! 두 사람 뜨겁군! 뜨거워!"

들러 팀장은 혼자 권총을 쏘는 시늉을 반복하다가 냉정하게 말을 꺼냈다.

"료. 자네는 '과제의 분리'를 할 수 있게 되었구먼. 이제 다른 사람의 시선을 신경 쓰지 않고 자신의 신념에 따라 행동할 수 있겠어. 그 시원한 표정을 보면 알 수 있지. 축하해!"

들러 팀장의 말대로 나는 '누군가를 기쁘게 할' 때 감사나 인정을 보상을 바라지 않았다. 들러 팀장이 말했던 '혼자 나서도 된다. 오히려 혼자 나서는 편이 낫다'를 실천한 셈이다.

쓰요시에게 바보 취급당해도 괜찮다. 이치로에게 고맙다는 말을 듣지 못해도 괜찮다. 이제 그들이 어떻게 생각하는가 하는 문제는 '그들의 과제'다. 나의 과제가 아니다. 게다가 그들에게 질책을 당한다고 내가 나쁜 사람이라는 뜻도 아니다. 그래서 다른 사람의 과제는 생각하지 않으려고 노력 중이다.

나는 나의 신념에 따라 행동할 뿐이다. 다른 사람에게 받아들여지지 않으면 어떠한가.

그렇게 생각을 고쳐먹자 마음이 훨씬 가벼워졌다. 그리고 '누군가를 기쁘게 할' 때가 아니라도 모든 면에서 '마음의 브레이크'가 풀려 언제든 거침없이 나아갈 수 있게 되었다.

예를 들어 누군가 나를 술자리에 불러도 이제는 부담 없이 거절할 수 있다. 예전에는 미움을 받을까 봐 두려웠다. 하지만 그것은 나의 과제가 아니다. 그래서 이제는 바로 "오늘은 그냥 집에 갈게."라고 말한다. 정말 내 생활의 놀라운 발전이다.

그리고 전철에서 어른에게 자리를 양보할 때도 더는 두렵지 않다. 이전에는 '거절당하면 어떡하지?', '착한 사람인 척하는 녀석이라고 생각하면 어떡하지?'라고 남의 시선만 신경 쓰느라 막상 행동할 수 없었다.

하지만 지금은 할 수 있다. 거절당해도 괜찮다. "노인 취급하지 마!"라고 혼나도 괜찮다. 그것은 할아버지, 할머니의 과제다. 나의 과제가 아니다. 그리고 주변 사람들이 폼잡는 녀석이라고 생각해도 내 알 바 아니다. 그것도 나의 과제가 아니기 때문이다.

이처럼 '과제의 분리'를 사고방식의 기본으로 삼은 후부터 적극적으로 행동을 취하는 일이 점점 늘어갔다. 망설임이 없어졌다. 남의 시선 따윈 신경 쓰지 않게 되었다.

"그러고 보니 말이야. 요즘 료가 정신적으로 늠름해 보여. 자기 의견을 확신한다고 해야 할까? 의견이 분명해졌다고 할까, 중심이 단단히 잡혀 있다고 할까. 음, 어딘가 모르게 여하튼 멋져졌어!"

리카는 뭔가 숨기는 게 있다는 듯 나를 바라봤다. 하지만 나는 이번에 허둥대지 않았다. 이제는 분명히 리카와 있어도 평상심을 유지할 수 있다.

"아, 료. 한 가지 말하는 걸 깜빡했는데 말이야."

모처럼 좋은 분위기를 이어가려는데 들러 팀장이 찬물을 끼얹었다.

"1과에서는 료, 2과에서는 유, 3과에서는 쓰요시가 각각 멤버로 선정되었다네. 그 밖에 경리과와 인사과, 크리에이티브 부서에서도 몇 명 선발되었지. 쟁쟁한 멤버들을 보니 올스타 캐스팅 뺨치는구먼. 프로젝트 잘 부탁하네."

들러 팀장은 내 어깨를 툭툭 치고 회의실로 들어갔다. 그렇구나. 쓰요시와 유도 프로젝트 멤버로 뽑혔구나. 나도 모르게 어금니를 앙다물었다.

벌써 세 번째 프로젝트 회의 날이다. 화제는 핵심 문제로 옮겨갔다.

"지난번 대안을 모두 어떻게 생각해? 적용하면서 생각 좀 해봤어? 료가 먼저 말해 보겠나?"

프로젝트 리더인 마사무네 인사과장이 나에게 의견을 구했다.

"네. 저는 눈 가리고 아웅 하는 식이 아니라 문제를 근절할 수 있도록 정면 대응해야 한다고 생각합니다."

"오호라. 근절하자는 말이지. 그러면 어떻게 근절하자는 거지?"

"네. '야근 줄이기'는 '업무 줄이기'로 효율을 높여야 합니다. 비현실적으로 들릴 수 있지만, 그것부터 해야 한다고 생각해요. 줄여도 되는 업무, 매출로 이어지지 않는 업무를 철저하게 찾아내고 과감히 없애는 것이 프로젝트의 열쇠라고 생각합니다."

마사무네 과장은 고개를 크게 끄덕이며 말을 받았다.

"그렇군. 확실히 자네 말이 맞아. 그게 바로 본질이지. 하지만 가장 어려운 일이기도 해. 자네는 그 험난한 길을 기어코 올라가야 한다고 말하는 거로군."

나는 마사무네 과장이 내 말의 핵심을 알아주었다는 사실에 기뻤다. 그가 나를 바라보는 눈빛에서 응원하는 마음이 느껴졌다.

'료, 그렇게 하면 되는 거야. 힘내라고.'

그때 "흥!"하고 조용하던 회의실 안에 콧방귀 소리가 울렸다.

"그건 단순한 정론일 뿐이지. 더 줄일 업무가 어디 있다는 거야. 지금보다 업무를 줄이면 서비스 질이 떨어져 순식간에 고객은 경쟁사로 옮겨갈 거야."

아, 쓰요시다. 또 나의 발언에 트집을 잡을 셈인 거다.

"야근이 아닌 업무를 줄인다는 것은 듣기만 좋을 뿐 비현실적이야. 업무를 줄이면 큰일 나는 줄도 모르는 주제에."

듣자듣자 하니까, 좋은 의견도 못 내면서 어쩌자는 건데. 쓰요시에게 내 의견을 부정당하자 내 존재마저도 부정당한 것 같아 심하게 불쾌해졌다. 젠장, 한마디 해 줘야겠어. 나는 숨을 '후욱!' 들이마셨다.

그러나 내가 입을 열기도 전에 유가 쑥 끼어들었다.

"그렇구나. 그래. 쓰요시는 그렇게 생각하는구나. 그렇구나."

순식간에 나와 쓰요시 사이에 감돌던 험악한 분위기가 사라졌다. 유는 쓰요시의 의견을 부정도 긍정도 하지 않고 "그렇구나."라는 말만 반복했다. 그러자 쓰요시도 조금 진정된 것 같았다.

"그래. 유도 알겠지? 료가 하는 말은 현장을 몰라서 하는 비현실적인 이야기라고."

뭐라고 했어! 너만 다 아는 것처럼 말하지 마! 되받아쳐 주마!

내가 그렇게 마음먹은 순간 다시 유가 쑥 끼어들었다.

"그렇구나. 쓰요시는 '줄일 업무 따위는 없다.'라고 생각하는구나. '여기서 더 줄이면 서비스 질이 떨어지고 경쟁사에 고객을 빼앗기고 만다. 그러니 서비스 수준을 떨어뜨릴 수 없다.'라고 생각하는 거지?"

"그래! 맞아! 바로 그 말이야! 유. 역시 너는 잘 알고 있구나."

쓰요시 얼굴 표정에서 유와 의견이 같아 기분 좋다는 게 확연히 드러났다.

이게 어떻게 된 거지? 유는 쓰요시 편인가?

쓰요시의 수준 낮은 감정론에 맞장구 치느라 본질을 놓치다니. 내가 유를 잘못 본 모양이다. 내가 이를 갈고 있는 동안에도 두 사람의 대화가 이어졌다.

"쓰요시. 네 마음은 잘 알겠어. 네가 그렇게 생각하는 이유도 잘 알아. 그런데 내 생각을 말해도 될까?"

쓰요시는 "물론이지."라고 대답했다.

"고마워. 내 생각을 말할게. 네 의견과는 좀 다른데 말이야. 나는 사실 료와 의견이 같아. 아직 줄일 수 있는 일이 많다고 생각하거든. 그걸 같이 리스트 업 해 보면 어떨까?"

유는 쓰요시를 바라보며 부드럽게 말을 이어갔다.

"그런 다음에 '아니, 이 일은 없애면 안 돼! 도저히 줄일 수 없어!'라고 한다면 그 자리에서 판단하는 거야. 그런 식으로 진행하면 어떨까?"

나는 너무 놀라서 입을 다물지 못했다. 유는 틀림없이 나의 적이자 쓰요시의 아군이라고 생각했다. 그런데 상황을 확 뒤집어서 나의 의견에 찬성한다니. 나는 영문을 알 수 없어 멍하니 있었다.

한 가지 더 놀라운 점이 있었다. 유의 의견이 쓰요시의 의견과

대립하는 것은 나와 마찬가지였다. 그런데 유의 화법은 아주 매끄럽고 점잖아서 쓰요시 의견을 부정하지 않고 진심으로 존중하고 있다는 의미까지 전했다. 그러면서도 쓰요시의 비위를 맞추지는 않는다. 쓰요시의 마음에 다가가면서 강요하지 않고 현명하게 자신의 의견을 확실히 말한 것이다.

그렇구나. 이런 화법도 있구나. 나에게 유의 화법은 굉장히 충격이었다.

내가 존경스러운 시선으로 유를 쳐다보고 있었던 걸까. 조금 떨어진 자리에서 회의를 지켜보던 들러 팀장과 눈이 마주쳤다. 그는 눈으로 내게 말하고 있었다.

'어때? 유가 말하는 방식을 봤어? 확실히 배워 두라고. 자네도 저렇게 얘기할 수 있어야 하니까!"

나는 유의 화법이 다른 사람들과 어떻게 다른지 곰곰이 생각해 보았다.

그렇구나! 이제 알겠어.

유는 쓰요시의 의견에 '동의'하지 않는다. 나의 의견에 찬성하기 때문이다. 그러나 먼저 자신과 다른 의견에 '공감'을 표현했다.

"그렇구나! 쓰요시는 그렇게 생각하는구나!"

이렇게 상대방을 주어로 사용하며 공감을 드러냈다. 그러나 자신의 의견은 바꾸지 않았다.

이번에는 주어를 자신으로 바꾸고 상대방과 다른 의견을 당당하게 말했다.

쓰요시는 자신의 이야기를 제대로 들어 주었으니 답례하듯 "응, 응."하고 고개를 끄덕이며 유의 의견을 들었다. 나에게 보이던 반응과 천양지차였다.

나는 머릿속을 정리해 보았다. 그렇구나. 내가 취하려고 했던 단계는 ①반대, ②의견을 내는 순서였다. 한편 유가 취한 단계는 ①공감(동의하는 것이 아님), ②제안하는 순서다. 이로 인해 큰 차이가 났던 것이다.

나는 이 대화에서 너무나 강렬한 충격을 받았다. 그 이후로 프로젝트가 어떻게 흘러갔는지 전혀 기억나지 않는다. 그저 유가 이야기를 들을 때 구사했던 '동의하지 않지만 공감한다'라는 방법과 그의 화법만 되뇌었다. 그래서 회의 끝나고 돌아오는 길에 들러 팀장이 몇 번이나 불렀지만 들을 수 없었다.

"료! 료, 저기, 잠깐만! 아까부터 들러 팀장이 몇 번이나 널 부르셨어."

유가 어깨를 치고 나서야 정신이 들었다. 들러 팀장이 나를 쫓아 허둥지둥 달려오는 모습이 보였다. 미안한 마음이 들었다.

"허억! 드디어 따라잡았다! 료. 자네는 이해했나? 유의 화법 말이야. 그는 '동의'하지 않더라도…."

나는 들러 팀장의 말을 이어받았다.

"'공감'한다, 그거죠? 이야, 유의 말솜씨가 정말 대단했어요. 의견이 다른데도 확실하게 공감하던걸요. 그러니 당연히 쓰요시도 기분이 상하지 않았죠. 순식간에 두 사람 사이에 신뢰 관계가 형성되더라고요."

나는 새로 발명된 기계를 본 것처럼 흥분해 있었다.

"그런 다음에 '내 의견을 말해도 될까?'라고 유가 자기 의견을 말했어요. 상대방도 기분 좋게 들어주었죠. '대립'이 아니라 '대화'가 이루어진 거예요. 저도 이 방식을 꼭 제 것으로 만들고 싶어요!"

들러 팀장은 나에게 할 말을 빼앗겼다는 듯 어깨를 축 내렸다. 그러더니 이내 눈을 빛냈다.

"역시 자네답군. 흡수력이 아주 뛰어난데? 자네 말이 맞아. '공감'이 바로 '공동체 감각'의 증명이지. 동시에 상대의 '용기를 북돋우기'도 하지. 그래서 쓰요시가 유의 의견에 순순히 귀를 기울인 거야."

들러 팀장은 늘 하던 '빵야!' 하고 권총을 쏘는 시늉을 하며 말을 이었다.

"사람과 사람 사이에는 항상 '호혜성(상호성)'이 작용하지. 상대가 친절하게 대해 주면 '보은'이라는 긍정의 호혜성이 작용해. 하지만 상대에게 공격받으면 '복수'라는 부정적인 호혜성이 작용하지. 이것이 곧 '상대방의 행동은 나를 비추는 거울'이라는 거야. 비록 자신과 의견이 달라도 이를 존중하고 '공감'하는 것이지. 유는 인내심을 갖고 그렇게 했기에 둘 사이에 신뢰 관계가 생기고 '대화'가 이루어진 거야."

그렇군. 호혜성이 작용한다는 말이지. 그러고 보니 예전에 읽은 책에서 본 적이 있다.

들러 팀장은 나의 속도에 맞춰 빠른 걸음으로 걷다가 이따금 종종 뛰면서 계속 이야기했다.

"유는 '자신과 다른 의견을 공격으로 간주하지 않는다.'라는 원칙을 지키기에 자신과 다른 의견을 두려워하지 않았어. 나아가 다른 의견을 말하기를 두려워하지도 않고. 바로 '과제의 분리'를 응용한 거야. 자네도 꼭 익혀 두어야 할 사고방식이자 화법이네. 그걸 자네가 ①공감, ②제안 순서로 정리하고 구체적으로 체계화한 걸 보면 대단해. 내가 알려주기도 전에 자네 스스로 이해하는 경지에 이르렀구먼."

들러 팀장은 인정한다는 듯 고개를 끄덕이다가 갑자기 멈춰 섰다.

"이제 내가 자네에게 더 가르칠 것이 없는 것 같네. 자네는 자네가 가진 감성을 믿고 나아가면 돼. 알겠지? 자신을 믿는 거야. 남의 의견에 또 현혹되면 안 돼. 자네 마음속에 있는 양심을 믿는 거야."

들러 팀장이 멈춰서는 바람에 뒤따라오던 사람들이 그를 피해 반원을 그리듯 우회했다.

나도 조금 떨어진 곳에 얼른 멈춰 서서 들러 팀장을 쳐다보았다. 들러 팀장은 마치 강 한가운데에 떠 있는 섬처럼 보였다.

들러 팀장이 나를 내친 것만 같아 갑자기 외로움이 밀려왔다.

"티, 팀장님…."

그를 부르는데 눈앞에 있던 큰 홀의 문이 열렸다. 회의를 마친 다른 사업부 사람들이 복도로 우루루 밀어닥쳤다. 키가 작은 들러 팀장은 순식간에 인파에 휩쓸려 모습이 보이지 않았다. 그리고 그의 목소리만 들려왔다.

"앗, 으윽. 료! 숙제를 잊지 마! '자신과 다른 의견을 공격으로 간주하지 않는다. 상대방과 다른 의견을 말하기 두려워하지 않는다.' 자네라면 분명 할 수 있을 거야! '과제의 분리'는 이미 자네 거라고!"

인파에 밀려난 나의 눈앞에 계단이 보였다. 들러 팀장이 어디로 갔는지 알 수 없었다. 나는 그를 기다리지 않고 홀로 계단을 올라갔다.

아들러
심리학
들여다보기

어떤 호혜성을 택할 것인지는 자신에게 달려 있다

호혜성의 법칙이란 상대에게 받은 것을 돌려주려는 심리를 말한다. 상대방에게 선물을 받으면 자신도 돌려주고 싶어진다. 긍정적으로 작용하면 '보은'이라는 행동으로 이어진다. 하지만 부정적으로 작용하면 '복수'로 이어진다. 상대로부터 공격을 받으면 공격으로 되받아치고자 하는 보복의 연쇄 작용이다(도표 5).

그러나 아들러 심리학에서는 상대방의 행동을 '친절'로 볼 것인지, '공격'으로 볼 것인지는 본인에게 달려 있다고 말한다. 이를 '인지론'이라고 한다. 그리고 그 판단의 근본에는 '자기 개념', '세계상'이 있다고 주장한다(도표 6).

[도표 5] 호혜성

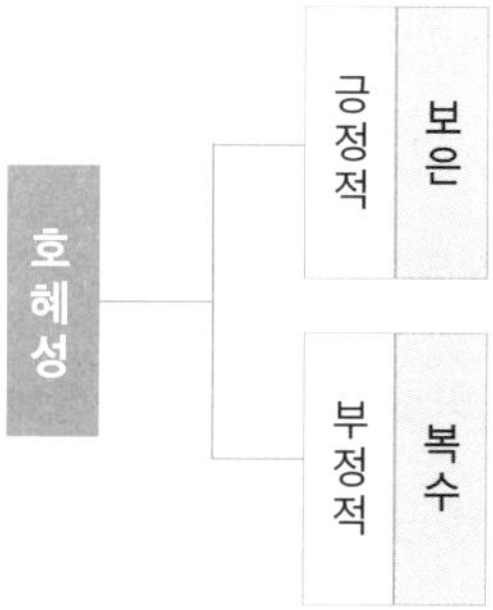

[도표 6] 자기 개념, 세계상, 자기 이상

	현재	미래
자기	자기 개념 (나는 ~이다) • 신체적 특징(남녀, 잘생김·못생김, 통통함·마름, 키가 큼·작음 등) • 신체 기능(몸이 튼튼함·약함 등) • 성격 특성(선악, 현명함·우매함, 남자답다, 귀엽다 등) • 사회적 지위 능력(유능·무능, 호불호, 높음·낮음 등) • 특수성(특별·보통·이상 등) • 조건부(도움이 있을 때만, 호감을 받을 때만 등)	자기 이상 (나는 ~해야 한다) (다른 사람은 나에게 ~해야 한다) • 능동형 자기 이상(나는 …해야 한다) • 수동형 자기 이상(다른 사람은 나에게 …해야 한다) • 조건형 자기 이상(나는 ~일 때만 OK 한다)
타인	세계상 (인생은 ~이다) (세상 사람들은 ~이다) • 세계, 세상(안전, 위험, 살기 어려움 등) • 인생(재미있다, 지루하다, 살 가치가 있다 등) • 인간(호의·적의, 도움의 유무, 신뢰할 수 있음 등) • 연장자란… • 남자/여자란… • 부모란…	

자기 개념이란 자신이 어떤 인간인가 하는 신념이고, 세계상이란 타인은 어떤 인간인가 하는 신념이다. 만약 자신은 추악하고 열등하다는 자기 개념을 가지고 있고, 타인은 냉혹하게 자신을 바보 취급하는 세계상을 가진 사람이라면 타인의 사소한 언행을 모두 '공격'으로 간주하게 된다. 하지만 자신이 사랑받고 있고 주변 사람들이 내 편이자 자신을 도와준다는 신념을 가진 사람이라면, 타인의 언행을 모두 '자신에게 베푸는 친절'로 간주할 것이다.

이번 장에서 들러 팀장은 료에게 신념 가지는 방법을 조언했다. 다른 의견을 공격으로 간주한다는 것은 다른 사람을 적으로 간주하고 자신을 열등한 존재라고 생각한다는 증거이다. 만약 다른 사람을 자기편으로 간주하고 자신에게 가치가 있다고 생각한다면, 다른 사람과의 차이를 두려워하지 않게 된다. 과연 이를 깨달은 료의 행동에 변화가 생기는지 알아보자.

✦ 10장 ✦

인간관계도 어렵고, 공동체 감각 키우기도 힘들어요.

아들러가 말한 '공동체 감각'은 쉽지 않다. 이론상으로는 쉽지만, 자신의 몫에 적용해 결정을 내릴 때는 어려운 부분이 있다. 우리는 먼저 소수의 집단에 속에 있고 집단 내에서 생활하며 인간관계를 맺고 있기 때문이다. 이 모든 상황을 배제하고 더 큰 공동체 감각을 키우라고 하기엔 너무 억지스럽지만, 자신의 가치관을 크게 설정하고 따르다 보면 여기에 다가갈 수 있지 않을까 싶다.

★ 아들러 심리학 가르침 ★

자신이 소속된 공동체보다
더 큰 공동체를 소중히 여긴다.

훅, 훅, 훅.

숨을 내쉴 때마다 하얀 김이 보일 듯 말 듯 했다. 이마와 볼에 닿는 공기가 차갑다. 2주 만에 달리는 황궁의 해자 가장자리는 점점 짙은 가을 기운이 감돌았다. 기타노마루 공원은 황금빛으로 물든 은행잎이 융단처럼 뒤덮었다.

자, 어서 조깅을 끝내고 서둘러 회사로 가야겠다. 오늘은 아침부터 프로젝트 회의가 있는 날이다. 지각하면 안 된다.

그 후, 프로젝트는 유와 나의 제안대로 '야근'이 아닌 '업무'를 줄이는 방향으로 결정되었다. 먼저 줄일 수 있는 업무를 선별했다. 영업, 크리에이티브, 관리 등 각 부서에서 생각지도 못한 많은 군더더기가 발견되었다. 변혁의 실현이 눈앞으로 다가왔다.

그러나 그 이상으로 놀라운 점이 있었다. 내가 유에게 배운 ①공감, ②제안 화법이 프로젝트에 참여한 전원의 공통 언어로 자리 잡은 점이다. 누가 명령한 것도 아닌데 어느새 모두 사용하고 있었다. 그로 인해 들러 팀장이 내준 숙제도 자연스럽게 달성되었다.

“자신과 다른 의견을 공격으로 간주하지 않는다. 상대방과 다른 의견을 말하기 두려워하지 않는다.”

이 목표가 나 개인뿐만 아니라 프로젝트팀 전체에서 달성된 것이다. 어느샌가 프로젝트팀은 밝고 활발한 분위기로 가득 찼고 목표를 달성할 수 있다는 에너지가 넘쳐났다. 내가 이렇게 긍정적 분위기를 체험하는 일은 처음이었다.

나는 점점 더 유를 존경하게 되었다. 입사 동기이자 동갑인 것이 믿어지지 않았다. 하지만 나이 따위는 상관없다. 존경하는 상대에게는 어떤 조건도 불문하고 겸허히 배워야 한다.

그 첫 단추로 나는 유의 책상에 놓인 책을 닥치는 대로 사서 읽었다. 그리고 유에게 추천할 만한 책을 알려달라고 부탁했다. 놀랍게도 유는 아들러 심리학에 관련된 책을 많이 읽고 있었다.

아들러 심리학의 사고방식을 골격으로 삼고 그와 비슷한 사고방식이자 구체적 기술인 어서티브니스assertiveness, 코칭, 고객 중심 상담을 배우고 있다고 했다. 나는 허기를 참지 못한 개가 밥을 탐하는 것처럼 추천받은 책들을 걸신들린 듯 읽었다.

그동안 나는 이런 류의 책은 읽지 않았다. 오히려 외면하는 쪽에 가까웠다. 하지만 어째서인지 이번에는 달랐다. 놀랍게도 어려워 보이는 이론과 외래어가 내 머릿속에 착착 입력되는 것 아닌가.

'들러 팀장 덕분이야!'

나는 바로 알 수 있었다. 지금까지 들러 팀장에게 직접 배운 것, 그리고 경험한 일들이 모두 그 책에 있었다. 당연히 내 머리에 쏙쏙 들어왔다.

책을 읽는다. 이해한다. 시도해 본다. 잘된다. 또 책을 읽는다. 그렇게 반복하는 동안 나는 점점 일이 즐거워졌다.

그뿐만이 아니다. 리카와 하야토 선배, 프로젝트 동료들과 인간관계도 훨씬 좋아졌다.

아들러 심리학은 참으로 대단했다. 유도 대단하다. 들러 팀장도 대단하다. 그리고 나도 조금 대단… 할지도. 아니, 나도 대단하다. 나는 부끄러워하지 않고 자신을 인정하게 되었다.

이것이 들러 팀장이 말했던 '자신의 용기를 북돋우기'임을 아니까.

요즘 들러 팀장이 종종 회사를 쉬었다. 미국에서 돌아오고 1년 동안 들러 팀장은 하루도 회사를 쉰 적이 없다. 그런데 지난 한 달에만 벌써 세 번이나 쉬었다. 게다가 쉬는 이유도 확실하지 않다. 이번에는 일주일째 회사를 쉬고 있다.

"집에 일이 있어 잠시 후쿠오카에 내려갔다 와야겠어."

그러고 보니 예전에 들러 팀장이 어머니랑 통화하는 모습을 본 적이 있다. 그때 무척 진지한 표정을 짓고 있었다. 분명히 아버지는 후쿠오카 시내에서 작은 공장을 운영하고 있다고 했었다. 여동생이 경리를 돕고 있고.

들러 팀장은 "전형적인 시골의 작은 공장이야. 경영이라고 할 것도 없는 영세 기업이지."라고 소개했었다. 어쩌면 가족에게 무슨 일이 생겼는지도 모른다.

그런 생각을 빠져 있는데 리카가 갑자기 내 어깨를 감쌌다. 나는 반사적으로 움찔했다.

"1과 에이스, 료! 요즘 매출이 주춤하던데! 네가 실적을 올리지 않으면 우리 과의 매출도 오르지 않으니 잘 좀 부탁해! 저기, 쓰요시 좀 봐. 아직 3분기가 반도 지나지 않았는데 일찌감치 분기 목표를 달성하고 영업 성적 1위를 독주 중이라고. 료도 빨리 따라잡고 추월하는 거야! 힘내라고!"

요즘 부쩍 리카가 나에게 스킨십을 한다. 대환영할 만한 일이다. 정말이지 너무 좋아 어쩔 줄 모르겠다.

그래. 다음에 리카에게 식사라도 한번 하자고 할까? 어쩌면 잘될 수도 있잖아? 하지만 거절당하면 어떡하지. 최근에서야 능숙하게 '과제의 분리'를 할 수 있게 되었지만, 리카에게는 아무래도 잘 활용할 수가 없다. 그렇다는 것은…. 나는 아직도 '과제의 분리'가 '서툴다'는 뜻이다. 지금 '상대의 과제'로 계속 고민하고 있지 않은가.

아들러도 대인관계에서 '사랑의 과제'가 가장 어렵다고 했다. 그리고 과제가 어려울수록 그 사람의 라이프스타일, 즉 성격이나 가치관이 여실히 드러난다는 것이다.

"료! 매출 건 잘 부탁해!"

그렇게 외치며 리카가 자리를 떠났다.

그렇다. 데이트 신청하기 전에 우선은 매출부터 해결하자. 좋아, 어디서부터 매출을 끌어와야 할까?

역시 가장 큰 고객인 로열자동차로부터 계약을 따내는 것이 지름길이지 않을까. 나는 세코 과장이 준 숙제에 착수했다.

세코 과장은 자사의 주력 차종인 골든의 연비가 좋다는 점을 호소하는 광고 캠페인을 구상해 달라고 했다. 이제 연비는 경차와 소형차만의 과제가 아니었다.

서구 셀럽들이 너도나도 하이브리드 자동차를 선호하고 있다. 이제 연비가 좋은 차를 탄다는 의미는 기름값을 절약한다는 저차원 수준이 아니다. 차의 소유자가 친환경 라이프스타일을 실현하고 있음을 드러내는 것이다.

그러니 돈이 많은 셀럽들도 앞다투어 연비를 신경 쓰게 되었다. 당연히 로열자동차의 고급 차종인 골든에도 그 여파가 미치고 있다. 이 회사도 필사적으로 엔진과 차체를 개량하여 연비를 낮추었다.

하지만 나는 소문을 떠올렸다. 로열자동차의 연비 데이터가 미심쩍다는 내용이다. 아무래도 그 회사의 엔지니어 간부가 무심코 누설한 모양이다. "경영진의 강한 압력에 견디지 못하고 연비 데이터를 조작해 버렸다."라고 말이다.

만약 그것이 사실이라면 이는 광고업계뿐 아니라 일본, 아니 세계가 뒤흔들릴 문제이다. 물론 그와 관련된 광고 캠페인을 맡은 광고대행사도 규탄당할 수 있다.

무엇보다 조작한 데이터를 믿고 차를 구매할 수만 명의 소비자가 가장 큰 피해를 보게 된다.

아무리 그래도 이 말은 소문일 뿐이다. 불확실한 정보를 바탕으로 모처럼 받은 광고 캠페인 의뢰를 거절할 수는 없었다. 하물며 지금 나는 계약을 따고 싶은 마음이 굴뚝같다. 지금은 시시한 정의감 따위는 덮어두고 광고 계약을 왕창 따면 되지 않을까. 그것이야말로 나의 이익이자 우리 영업 1과, 더 나아가 우리 회사의 이익으로 이어지는 길이다.

들러 팀장에게도 '공동체 감각'이 중요하다고 배웠다.

"자신의 것과 마찬가지로 상대의 것을 소중히 여기는 것."

그것이 바로 공동체 감각이다. 나 개인뿐만 아니라 영업 1과와 회사 전체의 이익을 생각한다는 것은 '공동체 감각' 그 자체다. 그렇다면 이번 캠페인을 진행해야 한다는 말이다.

다만 나는 어딘가 석연치 않아 망설여졌다. 아들러 심리학이 그렇게 근시안적인 생각을 권장할까?

그동안 아들러 심리학은 내게 항상 옳은 길을 알려주는 나침반이었다. 그러니 그 가르침을 따라야 할까? 아니면 양심의 움직임을 따라 행동해야 할까? 아무리 고민해도 '공동체 감각'을 순순히 받아들일 수 없었다. 애초에 공동체 감각이란 무엇일까? 그래. 들러 팀장에게 물어보자.

아차, 잊고 있었다. 들러 팀장은 지금 후쿠오카에 내려가 있다. 하필 이럴 때 휴가 중이라니. 만약 들러 팀장이 이 자리에 있다면 나는 바로 그와 상의했을 것이다. 하지만 들러 팀장도 본가에서 힘든 시간을 보내고 있다. 괜히 전화를 걸어 쓸데없는 걱정을 늘리고 싶지는 않았다. 그럼 나는 도대체 어떻게 하면 좋을까?

그래! 로열자동차 건이라는 사실은 비밀로 하고 유에게 은근슬쩍 물어보자. 힌트를 얻을 수 있을지 모른다.

"유! 좀 가르쳐줬으면 하는 게 있어."

유는 빙긋 웃으며 미팅 스페이스에 앉았다.

"있잖아. '공동체 감각'이라고 있잖아. 예를 들면 눈앞의 사람이 부정을 저지르는 모습을 발견했다고 가정해 보자고. 그럴 때 자신보다 상대를 배려해서 그 사실을 비밀로 하는 편이 공동체 감각에 부합하는 걸까? 아니면 부정행위를 그만두게 하는 것이 공동체 감각에 더 맞는 걸까? 너는 어느 쪽인 것 같아?"

유는 뜻밖의 질문에 놀랐는지 한순간 말이 없더니 천천히 입을 열었다.

"너에게 도대체 무슨 일이 있는지 모르겠지만 아들러가 말했어. '상반된 사회 요구의 복잡한 문제에 대해서는 영원의 시각에서 보라. 그러면 맞서기 어려운 요구, 두려움에서 오는 잘못된 사물의 관점, 불안과 왜곡된 목적에서 벗어나 사회생활의 기본적인 규칙을 생각할 수 있다.'라고 말이야."

나는 묵묵히 듣고 있었다.

"예를 들어 눈앞의 사람의 이익을 우선하는 것이 아니라 학교나 회사 전체를 보고, 나아가 학교와 회사의 이익을 지키는 것보다 더 큰 공동체로서 사회 전반이나 나라 전체의 이익을 보고, 더 나아가 나라보다 세계와 우주 전체의 이익을 보는 거지. 그렇게 생각하면 판단이 틀리지 않거든. 너도 읽어 본 책에 나와 있잖아. 그 책 다시 한번 읽어 보는 게 어때?"

맞다. 분명 루돌프 드라이커스의 《아들러 심리학의 기초 Fundamentals of Adlerian Psychology》에 그런 구절이 있었다. 그렇다는 말은….

이제 알겠어!

나는 유에게 서둘러 감사 인사를 하고 로열자동차에서 보내온 오리엔테이션 자료를 다시 한번 꼼꼼히 읽었다.

나는 용기를 내 로열자동차의 세코 팀장에게 전화를 걸었다. 수화기를 든 오른손이 땀으로 흠뻑 젖어 축축했다. 나는 한 시간

전에 우리 회사 미디어 구매 담당 부서 부장으로부터 '로열자동차의 연비 데이터 부정 조작 사건'이 조만간 언론에 특종 기사로 게재될 예정이라는 정보를 입수했다. 그렇다면 우리 회사로서는 더욱 이 광고에 관여해서는 안 되는 셈이다.

뚜르르르르. 호출음이 울렸다. 세코 과장이 여느 때와 같은 목소리로 '네.' 하고 대답했다.

나는 일부러 척추를 꼿꼿이 세우며 말문을 열었다.

수화기 너머로 세코 팀장의 호통 소리가 들려왔다. 나는 수화기를 귀에서 조금 떼고 욕설을 가만히 듣고 있었다.

나는 당연히 로열자동차로부터 계약 건을 따내지 못해 매출에 큰 손실을 내고 말았다. 그뿐만이 아니다. 이미 계약했던 캠페인마저 취소되어 크게 뒤처졌다.

이후 로열자동차의 연비 데이터 부정 조작 사건이 언론에 발표되면서 그 회사는 이미지에 큰 타격을 받았다. 하지만 우리 회사는 광고 제작을 거절함으로써 차를 살 예정이었던 사용자에게 피해 주는 일은 없었다.

나는 분명히 말할 수 있다. 눈앞에 있는 로열자동차의 이익보다 더 넓은 사회 전체의 이익을 우선시했다. 아들러가 말하는 '영원의 관점'을 우선시한 것이다.

하지만 매사가 그렇게 기분 좋은 결말로 끝나지 않는다. 우리 회사가 이미 손에 쥐었다가 거절한 캠페인을 경쟁 광고대행사인 하쿠시키샤가 채간 것이다. 그들은 로열자동차의 대형 광고를 차례로 맡아 전개했다. 필시 막대한 매출을 올렸을 것이다. 물론, 추후에 그 캠페인은 세간의 규탄을 받았지만, 하쿠시키샤가 규탄받는 일은 없었다. 어디까지나 로열자동차만이 비난의 대상이었다.

아무래도 사람들은 하쿠시키샤를 범죄자가 아닌 피해자로 인식한 모양이다. '미필적 고의'로 여기지 않았다. 그러니까 하쿠시키샤는 거대한 매출을 올리면서도 소비자의 신뢰는 잃지 않고 '교묘히 넘어간' 것이다.

나는 이번 일을 곰곰이 생각해 보았다. 아들러 심리학의 가르침에 근거한 내 판단은 과연 옳았을까? 아니 어쩌면 그냥 모른 척하고 매출을 올리는 편이 나았을까?

들러 팀장이 말했다.

"료. 자네의 판단이 옳아. 매출은 오르지 않았지만 잘된 일이지 않은가. 자네는 양심에 거짓말하지 않았으니 말이야."

오로지 그 말만이 나의 위안이었다. 로열자동차 매출이 없으니 나의 3분기 목표는 미달인 채로 크리스마스를 맞게 되었다.

연말 마지막 날까지 이제 며칠 남지 않았다. 만약 이대로 내가 마무리 지으면 영업 1과는 목표를 달성하지 못한 채 끝나게 된다. 나 때문이다. 나는 마음이 착잡했다.

내 마음처럼 북풍이 부는 밖은 무척이나 쌀쌀했다.

“료. 잠깐 좀 볼까? 회의실에서 얘기하지.”

들러 팀장이 나를 불렀다. 틀림없이 로열자동차 문제일 것이다. 들러 팀장은 재킷을 벗고 조끼와 와이셔츠 차림으로 나왔다. 그리고 늘 그렇듯 가슴 주머니에서 볼펜 한 자루를 빼 들고 빙글빙글 돌렸다.

“실은 말이야. 우리 집 얘기인데….”

영업 관련 목표를 달성하지 못한 긴박한 상황이라 틀림없이 로열자동차 건으로 부른 줄 알았던 나는 허를 찔렸다.

“팀장님 본가에 무슨 일 있나요?”

“그래. 우리 아버지가 작은 공장을 하시는 건 알지? 실은 말이야. 아버지가 폐암으로 시한부 판정을 받았어. 앞으로 한 달이라지만 그만큼 버티실지도 모르겠어. 그래서 어머니가 나더러 ‘후쿠오카에 돌아와 달라’고 하셔.”

들러 팀장은 깊은 숨을 내쉬었다.

“아니, 사실 10년 전부터 후쿠오카로 오라고 하셨지만 나는 계속 거절했거든. 그런데 이번에 아버지가 이렇게 되셔서 말이야. 어머니도 살이 쏙 빠지고, 여동생도 마음이 약해졌더라고. 그래서 말인데, 나는 이 회사를 그만두고 아버지 가업을 이으려고 해. 이미 인사과에는 이야기하고 양해를 구했어."

뭐라고? 들러 팀장이 퇴직한다고? 갑자기 무슨 말을 하는 거야? 그런 일은 있을 수 없어! 있어서는 안 돼!

나는 머릿속이 혼란스러워 아무 말도 나오지 않았다. 잠시 후 나는 간신히 말을 쥐어 짜냈다.

"그런 이기적인…."

그 말을 내뱉은 순간 정신이 번쩍 들었다.

정말 들러 팀장은 이기적일까? 내 머릿속에 들러 팀장의 어머니가 떠올랐다. 너무 쓸쓸해 보이고 무료한 듯한 표정이다. 병상에 누워 있는 아버지 모습도 보였다. 그 두 사람 손을 잡고 격려하는 들러 팀장. 공장 종업원들이 불안한 표정으로 그 모습을 지켜보고 있다.

그렇구나. 내가 잘못 생각했다. 들러 팀장은 이기적이지 않다. 이기적인 것은 오히려 나다. 들러 팀장을 잃고 싶지 않고 의지하고 싶어서 퇴직에 반대하는 나야말로 이기적이다.

들러 팀장 재능이라면 월급쟁이보다 경영자가 되는 편이 낫다.

우리 회사라는 작은 공동체에서 들러 팀장을 잃는 것은 큰 타격이지만, 일본이라는 큰 공동체를 위해서는 그러는 편이 더 좋을지 모른다. 이것이 '영원의 관점'일까. 나의 작은 아픔보다 더 중요한 것이다.

나는 물끄러미 벽을 바라보는 들러 팀장에게 말했다.

"팀장님, 죄송해요. 실언했어요. 부디 부모님과 공장 직원들을 아껴주세요. 자신의 결단을 소중히 여겨 주세요. 걱정할 필요 없어요. 뒷일은 맡겨주세요. 팀장님이 가르쳐 주신 것을 활용해 반드시 훌륭한 팀을 만들게요. 우리를 믿어주세요."

어느새 나는 그렇게 열변을 토하고 있었다. 들러 팀장은 천천히 눈을 깜박인 뒤 안간힘을 다해 결의를 다지듯 쉰 목소리를 냈다.

"료…. 고마워…."

그리고 내 손을 잡고 꽉 움켜쥐었다.

"이제 자네에게 알려줄 것이 얼마 남지 않았어. 그래서 하나 더 숙제를 자네에게 내주려고 해. 이번 숙제는 이미 뭔지 알겠지? '눈앞보다 더 큰 공동체의 이익을 우선시하는 것이야.' 이것이 자네에게 내주는 숙제야."

나는 고개를 끄덕였다.

"하지만 이번 로열자동차 건을 통해 자네는 이미 이 숙제를 해냈어. 심지어 내가 후쿠오카에 내려가서 자리를 비웠을 때, 혼자만의 판단으로 해냈지. 나는 자네가 자랑스러워. 가슴에 잘 새겨두게. 이 판단 기준을 절대 잊지 마. 부탁하네."

말을 마친 들러 팀장이 나를 끌어안았다. 들러 팀장의 앉은키가 아주 작아서 순간 내가 들러 팀장을 안아주는 꼴이 되었다. 들러 팀장의 포옹을 받고 온기가 느껴지자 오히려 내가 어렸을 적 어머니에게 안겼던 기억이 떠올랐다. 코끝이 찡해지며 따뜻한 감정이 흘러넘쳤다.

아들러
심리학
들여다보기

더 큰 공동체의 이익을 우선시한다

기업이나 학교, 지역사회 등 조직에 소속되어 목표 달성을 추구하다 보면 '과연 조직의 판단이 옳은 것일까?'라는 의심이 들 때가 있다. 또 어떠한 이유로 이직을 결심하고 회사를 퇴직할 때 '나의 이기심 때문에 지금 회사에 폐를 끼치게 됐어. 내 판단이 옳은 것일까?'라고 고민할 수도 있다.

그럴 때일수록 이번 장에서 배운 '더 큰 공동체의 이익을 우선시한다'가 도움이 될 것이다. 만약 자신이 소속된 조직에는 이익이 되지만 더 큰 사회 전반에 손해를 끼친다면, 후자를 우선시하여 판단해야 행복한 삶으로 이어진다. 마찬가지로 이직함으로써 신세를 진 회사에 폐를 끼친다고 하더라도 새로운 회사에서 능력을 발휘하여 사회에 도움이 된다면 그쪽을 우선시하는 것이 더 좋은 판단이다.

하지만 그렇게 한다고 모든 일이 장밋빛 결말로 이어지지는 않는다. 이번 장에서 료는 '더 큰 공동체를 우선시한다'라는 점에 일단 수긍했지만, 지금 다니는 회사에 큰 손해를 입히는 상황에 맞닥뜨리자 망설였다. 앞으로 그는 조직에서 문책을 당할지도 모른다. 아들러 심리학에서는 자신이 내린 판단에 끝까지 책임져야 한다고 가르친다. 과연 료는 어떻게 대응해 나가야 할까?

✦ 11장 ✦

굳건한 신뢰심을 바탕으로 한 '관계 맺기'를 하고 싶어요

신뢰와 신용은 전혀 다른 요소다. 흔히 우리가 자주 사용하는 말에 '신용'이 있다. 거래 관계에서 특히 많이 언급되는데 이는 개인 간 신뢰의 문제와는 다른 접근의 방식이다. 신용은 믿음의 정도를 등급을 매길 수 있도록 분류하지만 신뢰는 절대적 신임을 바탕으로 형성된다. 그래서 인생에서는 신용보다 신뢰가 더 힘이 된다.

★ 아들러 심리학 가르침 ★

회사는 신용을 바탕으로 작용된다.
하지만 대인관계는 신뢰가 답이다.

크리스마스이브다. 도쿄에 눈이 오다니, 말도 안 되는 무대 설정이 아닌가. 아니, 그 이상으로 말도 안 되는 것은 내가 리카와 데이트를 하고 있는 현실이다.

나는 입사 후 줄곧 좋아하던 리카에게 과감하게 데이트 신청을 했다. 크리스마스이브라는 특별한 날에 말이다. 리카는 평소와 달리 조금 긴장한 표정으로 말했다.

"좋아. 그런데 크리스마스이브에 상대가 나여도 괜찮아?"

나는 뛰어오르고 싶을 만큼 기뻤지만, 그 기분을 억누르고 냉정한 척했다. 그리고 오늘 이렇게 단둘이서 캔들 너머로 도쿄 타워를 바라보고 있다.

크리스마스 캐럴이 연이어 흘러나왔다. 빙 크로스비의 'White Christmas', 냇 킹 콜의 'The Christmas Song', 존 레논의 'Happy Xmas'. 그리고 머라이어 캐리의 'All I Want for Christmas Is You'가 흘러나오자 리카가 소리쳤다.

"이 곡 알아. 제목이 정말 좋지 않아? 크리스마스에 원하는 건 너뿐이야. 그런 말을 들어보고 싶어. 말해보고 싶기도 하고."

'리카, 나도 원하는 것은 리카뿐이야!'라고 말하고 싶다. 하지만 첫 데이트에서 할 말은 아닌 듯싶다. 설령 '과제의 분리'를 했다고 해도 말할 수 없고, 말하지 않는 편이 좋을 것이다. 그것이 성실한 태도이지 않을까. 나는 좋은 사람인 척하는 것이 아니라 진심으로 리카를 소중히 여기고 싶었다. 사실 당장이라도 껴안고 싶은 마음이지만, 자신의 의지를 '말로 표현하지 않겠다'라고 선택했다.

그렇다. 들러 팀장이 가르쳐준 '자기 일치'를 실천한 것이다. 부인, 억압, 왜곡하지 않는다. 자신의 마음에 거짓말하지 않는다. 하지만 행동은 자기 의지로 선택하고, 그 결단에 책임진다. 이제는 자연스럽게 그렇게 행동할 수 있게 되었다.

오르되브르(전채), 수프와 디너 코스를 즐기며 우리는 학창 시절 추억과 입사 후 있었던 일들을 이야기했다. 리카는 남자친구와 1

년 전에 헤어졌다고 했다. 그가 바람을 피워서 굉장히 상처받았다고 한다.

나는 부끄러웠지만 회사에 들어온 이후로 한 번도 여자친구가 없었다고 솔직하게 고백했다. 예전에는 친구들이 여자친구 있냐고 물어오면 "여자친구? 당연히 있지."라고 거짓말을 했었다. 이제는 그런 바보 같은 짓을 할 필요가 없다는 것을 안다.

"불완전한 자신을 있는 그대로 인정하는 용기."

자기 수용을 할 수 있게 된 이후로 가능한 한 스스로 솔직해지고 싶었다. 나의 '여자친구 없어 선언'에 리카는 웃으며 의외라고 했다.

메인 디시로 구운 칠면조가 나올 무렵, 화제는 자연스럽게 회사 일로 돌아갔다.

"들러 팀장은 정말 웃기지 않아?"

무심하게 리카가 내뱉은 한마디에 나는 입으로 옮기던 포크를 멈추었다. 이내 마음을 다잡고 입에 고기를 넣었다. 혀의 기능이 마비되었는지 원래 담백해야 할 칠면조의 맛이 전혀 느껴지지 않았다.

들러 팀장이 사라진다니. 나는 아직도 믿을 수 없다. 사실은 받아들이고 싶지 않다. 들러 팀장 없이 앞으로 나갈 자신이 없다.

들러 팀장 이야기를 리카에게 해도 될까? 어쩌면 나에게만 털어놓은 비밀일지 모른다. 리카에게 말해도 될지 망설이고 있는데 그녀가 갑자기 화제를 돌렸다. 나는 안심했다.

"그러고 보니, 료. 이럴 때 일 얘기하는 것도 좀 그렇지만 로열자동차 건으로 타격이 컸지? 그 사건만 아니었으면 네가 확실하게 3분기 1위가 되었을 텐데 말이야. 그랬는데 단번에 순위 밖으로 밀려나다니. 목표 달성도 어려울 거 같지? 그 일로 들러 팀장한테 야단맞은 거 아니야?"

들러 팀장은 그 일로 나를 한 번도 혼내지 않았다고 대답했다. 그리고 내가 광고주인 로열자동차보다 소비자 보호를 우선시한 것, 즉 광고주라는 한 기업의 이익보다 더 넓은 사회 전반의 이익을 우선시한 것, "더 큰 공동체의 이익을 우선한다."라는 아들러 심리학의 '공동체 감각' 원칙을 바탕으로 판단했음을 리카에게 이야기했다.

그리고 들러 팀장이 "그렇게 하면 되는 거야. 료도 혼자서 판단할 수 있게 됐구나."라고 나를 격려해 준 이야기도 했다.

"그랬구나. 그런 일이 있었구나. 나는 단순히 료가 로열자동차 세코 과장과 싸워서 계약이 취소된 줄 알았어."

리카도 음료를 한 모금 마셨다. 그리고는 나를 지그시 보며 말했다.

“훌륭한 일을 했네. 자신의 이익보다 세상과 타인을 우선시하다니. 나라면 매출이 떨어질까 두려워 세코 과장이 시키는 대로 했을 거야. 료는 정말 대단해.”

리카의 칭찬에 쑥스러웠다. 하지만 나는 확실히 성장하고 있었다. 들러 팀장과 유의 가르침을 받고 아들러 심리학을 배운 뒤, 지금까지 흔들리던 내 판단의 중심이 딱 잡혔다.

어머니가 등에 긴 대나무 자를 넣고는 “등을 쭉 피렴.” 하고 말했던 기억이 떠올랐다. 아들러 심리학 덕분에 내 등에 자를 넣은 기분이다.

디저트와 커피가 나오면서 즐거웠던 저녁 시간이 끝났다. 나는 이대로 리카와 함께 있고 싶었다. 하지만 내일 출근해야 하고, 첫 데이트에서 밤늦게까지 리카를 붙잡는 것은 실례라는 생각에 이제 그만 집에 가자고 했다. 리카가 먼저 일어섰다.

월급이 적어 데이트 비용을 대기도 쉽지 않지만, 나는 돈을 내려는 리카를 손으로 막고 두 사람 몫의 밥값을 냈다. 잘 먹었다는 인사와 함께 리카는 내 팔짱을 끼고 걷기 시작했다.

크리스마스이브에 리카와 팔짱을 끼고 밤길을 걷다니. 줄곧 동경했던 일이 실현되고 있었다. 이대로 길이 계속 이어졌으면 했지만 눈 깜짝할 사이에 도쿄역에 도착했다.

개찰구를 통과한 우리는 각기 다른 전철을 타야 했다. 리카에게 물었다.

"또 연락해도 될까?"

"당연하지! 료, 오늘 고마웠어. 이거 선물이야, 나중에 열어 봐."

까맣게 잊고 있었다. 나도 황급히 준비해 온 선물을 건넸다. 사실 반지를 선물하고 싶었지만, 아직 이르다고 생각해서 북 커버로 골랐다. 최근 리카도 아들러 심리학 관련 도서를 열심히 읽는다는 이야기를 들었기 때문이다.

언젠가 반지를 선물하는 관계가 되고 싶었다.

헤어질 때 리카가 나를 포옹했다. 나는 처음으로 그녀의 어깨에 손을 두르고 힘주어 안았다. 그러고는 잘 가라고 인사했다. 리카는 내게 손을 흔들며 천천히 한 계단씩 올라갔다. 지금껏 본 적 없는 아이처럼 맑고 투명한 미소였다.

리카가 승강장에 도착하자마자 전철이 미끄러져 들어왔다. 타이밍이 지나치게 좋은 것 아닌가. 리카가 마지막으로 손을 흔들고는 전철에 올라탔다.

리카가 보이지 않을 때까지 배웅하고 나서야 비로소 하얀 입김이 보였다. 하아, 하아. 일부러 크게 숨을 내쉬며 하얀 숨결을 보았다. 즐거워진 나는 몇 번이고 기관차가 연기를 내뿜듯이 하얀 숨을 계속 내쉬었다.

나는 결국 목표를 달성하지 못한 채 3분기 마지막 날을 맞았다. 그리고 내 실적이 부족한 만큼 영업 1과 전체 목표도 달성하지 못했다.

나는 모두에게 미안한 마음이 가득했다. 그러나 죄책감은 들지 않았다. 지금도 그 판단은 옳았다고 생각한다. 나는 마음을 가라앉히고 연말 휴가로 관심을 돌렸다.

일은 잊어버리자. 본가에서 부모님과 연말 특집 방송을 함께 보며 효도하자. 그리고 내년부터 다시 한번 열심히 하는 거야. 일도, 그리고 리카와 데이트도.

"연말 잘 보내세요."

영업 1과 모두에게 인사하고 집으로 향했다.

새해 시무식은 1월 4일이었다.

"새해 복 많이 받으세요."

우리는 서로 점잖게 인사를 나누고 책상 앞에 앉아 컴퓨터 전원을 켰다. 징~. 컴퓨터가 켜지는 소리와 함께 한 해의 업무가 시작되었다. 여느 때와 같은 임전 태세다. 자, 이제 일을 해 볼까. 그때 들러 팀장이 나를 불렀다.

"료. 잠깐 좀 볼까?"

회의실에서 들러 팀장과 마주 앉았다.

"지난 분기는 자네 개인도 영업 1과 전체도 목표 미달성으로 끝났지. 아쉽지만 끝난 건 어쩔 수 없어. 이번 분기에 만회하자고. 자네의 힘을 빌려줘."

"물론이죠. 이번에야말로 꼭 달성하겠어요."

나는 들러 팀장에게 선언했다.

"든든하구먼. 그런데 로열자동차 건 말이야. 자네의 판단이 옳았다고 생각하지만, 세코 과장의 화가 풀리지 않았어. 자네를 담당에서 빼달라고 클레임을 넣었네. 그래서 나는 그 요청을 받아들여 담당을 하야토로 변경해야만 하네."

'헉!' 들러 팀장은 빠른 어조로 말을 이었다.

"하지만 자네 고객이 줄어든 만큼 목표 수치를 하향 조정해서 부담을 덜어 줄 거야. 자네는 지금처럼 헤비급이 아니라 미들급이 되는 거지. 판이 작아지는 거야. 괜찮지?"

나는 괜찮지 않았다. 그러나 대답할 수 없었다.

"이제는 쓰요시와 유가 아니라 이치로 같은 젊은 사원과 경쟁해야 하네. 그러니 꼭 큰 차이로 1등을 해서 빨리 헤비급으로 돌아와 주게."

들러 팀장은 단숨에 말을 마치고 회의실을 서둘러 나갔다. 나는 어안이 벙벙한 채 한동안 멍하니 서 있었다.

미들급으로 내려간다는 말은 승진에서 한발 늦어진다는 의미다. 그러고 보니 유는 이번 1월부터 시니어 렙으로 승격이 결정되었다는 소문이 돌았다.

이제부터 쓰요시와 유는 시니어 렙이다. 나만 한참 뒤떨어진 평사원이다. 리카도 "료, 슬슬 시니어로 올라가는 거 아니야?"라고 기대했었다. 나는 도저히 현실을 받아들일 수 없었다.

들러 팀장은 분명 "자네의 판단은 옳아."라고 하지 않았던가. 그리고 "자네는 올바른 판단을 할 수 있지. 자네를 100% 신뢰해."라고 말했었다.

"속았다!"

들러 팀장은 거짓말을 한 것일까.

나는 새해 첫날부터 충격으로 의욕을 잃었다. 일에 집중할 마음이 전혀 들지 않았다. '신뢰 따위는 다 개나 줘버리라지.'라고 머릿속으로 몇 번이고 그 말을 반복하는 사이 하루가 지나갔다.

다음 날 아침 평소보다 한 시간 빨리 눈이 떠진 나는 황궁 주변을 달리기로 마음먹었다. 달리면 복잡한 머릿속도 개운해질지도 모른다고 기대했다.

런 스테이션에 가방과 정장을 벗어 두고 운동복으로 갈아입은 후 밖으로 나왔다. 바바사키몬 앞에서 신호를 건너 황궁 잔디밭 사이를 걷고 있을 때 "여어!" 하고 누가 뒤에서 말을 걸었다. 들러 팀장이다.

"황궁에서 료와 만나는 건 오랜만이군!"

화려한 진분홍색 운동복을 입은 들러 팀장이 빠른 걸음으로 나를 따라잡았다.

나는 "좋은 아침입니다."라고 담백한 인사를 건넸다. 그리고 그를 무시하듯 먼저 달리기 시작했다.

"이봐, 기다려, 같이 뛰자고."

들러 팀장이 내 옆으로 붙였다.

새해 출근 이틀째인 오늘은 황궁 주변에 인적이 드물었다. 나와 들러 팀장은 나란히 선 채 계속 달렸다. 묵묵히 뛰는 것도 왠지 이상했다. 무언가 이야기해야겠다는 생각에 나도 모르게 어제부터 신경 쓰이던 일을 직설적으로 내뱉었다.

"팀장님, 저를 신뢰한다는 말은 거짓말이었나요? 신뢰한다면, 왜 담당자를 변경하고 직급을 낮추시는 거죠? 저를 신뢰하지 않는 거 아니에요?"

입 밖으로 터져 나온 나의 말투에는 가시가 돋쳐 있었다. 하지만 어쩔 수 없었다. 그게 내 솔직한 마음이기 때문이다. 나는 들러 팀장의 대답을 기다렸다.

'훅, 훅, 훅!' 들러 팀장은 달리는 리듬에 맞춰 숨을 내쉬며 대답했다.

"신. 뢰. 하. 고. 있. 어!"

그리고 씨익 웃었다.

"당연하지 않은가! 지금도 100% 신뢰하고 있다고! 자네를 믿어."

"그럼 왜? 담당자를 변경했죠? 왜 계급을 낮췄어요?"

"당연하지 않은가! 회사니까. 자네는 목표를 달성하지 못했어. 고객에게 클레임도 받았지. 담당자를 변경하고, 고객을 줄이고, 목표를 낮췄어. 회사로서는 당연한 일을 했을 뿐이야. 그게 뭐가 이상하단 말인가?"

우리는 말다툼하듯 이야기했다. 달리는 속도가 올라갔다.

기타노마루에서 반초 방향으로 완만한 오르막길이 이어졌다. 나는 들러 팀장보다 먼저 숨이 차올라 달리는 속도를 줄였다.

들러 팀장이 조금 걷자고 제안했다. 이야기에 집중하고 싶었기에 나는 잠자코 들러 팀장의 말에 따랐다. 확실히 걷는 편이 이야기하기 쉬웠다. 나는 평상시 걷는 보폭으로 걸었지만, 키가 작은 들러 팀장은 짧은 다리를 앞뒤로 빠르게 움직이며 뛰다시피 걸었다. 그걸 알면서도 나는 심술궂게 걷는 속도를 늦추지 않았다. 들러 팀장이 말했다.

"료. 잘 들어. 신뢰란 무조건 상대방을 믿는 것을 말하는 거야. 상대방이 실수하든, 거짓말을 하든, 배신하든, 그래도 상대방을 믿는 것이지. 배신당하고, 또 배신당해도, 그러고 또 배신을 당해도 믿는 거야. 약속을 어겨도, 실적이 없어도 믿는 거지. 이런 신뢰가 있기에 사람과 사람은 끈끈한 유대가 생기는 거야."

들러 팀장은 알겠냐는 듯 나를 봤다. 나는 시치미를 뚝 떼고 시선을 돌렸다. 들러 팀장은 쩝 입맛을 다시더니 말을 이었다.

"상대방이 실수하거나 약속을 어길 때마다 상대방을 의심하거나 믿지 않는 것은 신뢰라고 할 수 없어. 자네의 어머니는 분명 자네를 신뢰하고 있을 거야. 그리고 나도 자네를 신뢰하고 있지. 지금은 물론 앞으로도 자네를 신뢰하네."

"그럼 왜 그런 거죠? 왜 저를 뺐나요?"

"잘 들어봐. 자네에게 내가 했던 존재 가치와 기능 가치를 기억하나?"

"당연하죠. 항상 기억하고 있는걸요. 이번에 목표가 낮아지고 계급이 낮아지면서 나를 질책할 뻔했어요. 하지만 그럴 일이 아니죠. 아무리 목표가 낮아져도, 계급이 낮아져도, 그래서 결국 내 기능 가치가 떨어져도, 내 존재 가치는 조금도 줄지 않았다. 그렇게 생각하게 됐어요."

"맞는 말이야. 나는 자네가 설령 회사에서 잘렸다고 해도, 자네가 감옥에 가더라도, 자네의 가능성을 항상 믿어. 앞으로도 계속 자네를 믿을 거야. 자네의 존재 가치를 신뢰하지."

빠른 걸음으로 걷는 들러 팀장의 이마에서 땀이 줄줄 흐르고 있었다. 나는 들러 팀장의 '신뢰'라는 말을 듣고 안심했다. 들러 팀장은 변하지 않았다.

"하지만 회사는 다르거든."

들러 팀장은 지금까지와 다른 목소리 톤으로 엄격하고 짧게 단언했다.

"회사는 무조건 신뢰로 움직이지 않아. 회사는 항상 조건부 신용으로 움직이지. 비즈니스 사회는 신용이 전제이기 때문이야. 그리고 신용은 항상 증거를 바라지. 예를 들어 은행은 담보가 없으면 돈을 빌려주지 않아. 그리고 거래 실적이 없으면 거래하지 않지. 신용카드사는 납부가 늦은 사람, 즉 납부 실적이 없는 사람을 블랙리스트에 올려 카드를 추가 발급하지 않아. 즉, 실적이나 담보를 항상 본다는 거지. 그것을 충족시키지 않으면 거래하지 않아. 그게 비즈니스 사회의 상식이야. 우리가 다니는 회사도 마찬가지야. 회사는 신뢰가 아니라 신용으로 움직여. 실적이 없으면 좋게 평가하지 않아. 목표 달성이라는 약속을 어긴 사람의 평가는 떨어지는 법이거든."

나는 완전히 혼란에 빠졌다. 들러 팀장이 하는 말 하나하나는 이해가 된다. 들러 팀장은 나를 무조건 신뢰하고 있다. 그것은 이번 이야기에서도 전해졌다.

그러나 회사는 항상 조건부 신용으로 움직인다는 사실도 알게 되었다. 들러 팀장은 이치에 맞는 이야기를 했다. 은행이나 회사가 무조건 신뢰로 움직이면 큰일 날 것이다. 우리 회사도 망할지 모른다. 그렇기에 증거에 기반하여 신용으로 움직일 수밖에 없다. 이것도 이해했다.

그러니 이번 나의 목표 미달성과 세코 과장과의 언쟁으로 담당에서 밀려나 계급이 낮아진 것도 어쩔 수 없다는 생각이 들었다.

그럼 들러 팀장은 어느 쪽인가? 회사 편인가, 내 편인가? 회사와 마찬가지로 조건부 신용으로 나를 보는 것일까? 아니면 어머니처럼 무조건 나를 신뢰하는 것일까? 도대체 어느 쪽인가? 어느 쪽이 진짜 들러 팀장인가?

머릿속이 엉망이 된 나는 무심결에 걸음을 멈추었다.

"팀장님은 저를 신뢰하시나요? 아니면 신용으로 판단하시는 건가요? 도대체 어느 쪽이죠?"

들러 팀장은 여느 때처럼 나를 향해 손 권총을 발사하며 조그맣게 "빵야!"라고 외쳤다. 그리고 혼자 앞서 걸어가며 황궁 산책로 모퉁이를 왼쪽으로 꺾어 들어갔다. 나는 말없이 따라갔다.

"자, 봐. 길이 트였어. 사쿠라다몬까지 전망이 트인 일직선이지?"

들러 팀장의 말대로 기타노마루에서 좁은 길을 지나 왼쪽으로 꺾자 황궁의 해자 너머로 길이 넓게 트여 있었다.

"회사에서 일할 때는 말이야. 신뢰와 신용이라는 다른 두 가지 사고방식을 모두 병용해야 해. 나와 자네가 기타노마루에서 반초까지 쭉 이렇게 나란히 걸어온 것처럼."

들러 팀장의 보폭이 커졌다.

"신용 시스템과 신뢰 시스템은 항상 함께하지. 나는 팀장이라는 인격으로 팀원인 자네를 신용 시스템에 따라 판단해. 자네의 기능 가치를 냉정하게 실적이나 담보로 판단하는 거야. 회사라는 신용 시스템을 운용하는 거지. 그리고 말이야."

들러 팀장은 거기서 말을 끊더니 갑자기 완만한 내리막길을 맹렬하게 달리기 시작했다. 백 미터쯤 가서 딱 멈추더니 빙글 돌아보며 내게 소리쳤다.

"하지만 한 명의 사람으로서 나는 무조건 자네를 신뢰하네. 팀장이 아닌 한 명의 인간, 들러로서 나는 인간 료를 무조건 믿어. 자네는 멋진 사람이야. 자네에게는 무한한 가능성이 있어. 그 가능성을 100% 진심으로 믿어!"

그렇게 외치더니 들러 팀장은 다시 발길을 돌려 '훅, 훅, 훅, 훅.' 숨을 내쉬며 달리기 시작했다.

들러 팀장의 뒷모습이 조금씩 멀어졌다. 하지만 진분홍색 옷으로 감싼 그 동그랗고 작은 뒷모습은 아까와 달리 매우 크게 다가왔다.

그렇구나. 들러 팀장은 신용 시스템으로 담담하게 나를 대한다. 실적으로 나의 기능 가치를 판단해 나의 인사를 냉정하게 처우한다. 하지만 한 명의 인간으로서 들러 팀장은 나의 존재 가치를 진심으로 신뢰한다.

들러 팀장 안에는 두 가지 인격이 존재한다. 그 두 인격을 병용하고 있음을 이해했다.

얼핏 보면 그 둘은 공존하기 불가능하게 모순된 듯 보인다. 그러나 '들러'라는 살아있는 인간을 보면, 그 둘은 위화감 없이 공존할 수 있음을 알게 된다.

어떻게 모순을 공존시키고 있는지 그 메커니즘은 잘 모르겠다. 하지만 들러 팀장은 틀림없이 둘 다 사용하고 있다. 게다가 흔들리지 않고 듬직하게 딱 버티고 서서 말이다. 그랬구나.

"어이! 내 말 들려?"

멀리서 들러 팀장이 손을 흔들었다. 내 시야가 넓게 트이는 느낌이 들었다.

"네! 저도 그쪽으로 가요!"

나는 큰 소리로 대답하고 맹렬하게 내리막길을 달렸다.

'훅, 훅, 훅, 훅.' 들러 팀장처럼 소리를 내면서 숨을 내쉰다. 오른발. 왼발. 오른발. 왼발. 신용과 신뢰. 오른발과 왼발. 기능 가치와 존재 가치. 두 발을 내디디며 머릿속이 상쾌해지는 기분이 들었다. 그렇구나. 그랬던 거구나. 모순되지 않는다. 둘 다 담담하게 해내면 된다.

좋아. 다시 한번 새로 시작하자. 회사라는 신용 시스템을 바탕으로 미들급에서 열심히 하면 되지 않겠는가. 그리고 앞으로도 계속 들러 팀장을 믿겠어. 한 명의 인간 들러 팀장을 무조건 신뢰한다. 병용할 수 있다. 함께 나란히 달릴 수 있다. 나는 그렇게 확신했다.

앞으로 3개월만 있으면 들러 팀장은 떠난다. 그때까지 나는 필사적으로 들러 팀장에게 달라붙어 열심히 배워야겠다. 나는 더욱 가속하여 멀리 사쿠라다몬에서 니주바시마에 방향으로 향하는 들러 팀장의 등을 따라 계속 달렸다.

아들러
심리학
들여다보기

남에게는 상냥하게, 일에는 엄격하게

'신용금고', '신용거래', '신용조사'라는 말이 있다. 각각 '지방 중소금융기관', '상대방의 신용에 따라 예치금 이상의 금액으로 거래를 허용하는 것', '상대방의 금융자산, 보유 부동산, 근무처의 신용을 조사하는 것'을 뜻한다.

하지만 세상에 '신뢰금고', '신뢰거래', '신뢰조사'라는 말은 없다. 이 말에서 알 수 있듯이 '신용'이란 '상대방의 담보나 실적을 조건으로 믿을지 판단하는 것'이다. 그리고 '신뢰'는 그 반대로 '상대방의 담보나 실적과 관계없이 무조건 상대방을 믿는 것'이다.

그렇다면 우리가 일하는 회사 조직에는 '신용'과 '신뢰' 중 어느 쪽이 작용할까? 아니, 작동시켜야 할까?

이번 장에서 들러 팀장이 료에게 설명한 것처럼 회사에는 두 가지 모두 필요하다. 만약 '신용'만 사용한다면 '남에게 엄격하고, 일에 엄격한' 군대 같은 조직이 되어 대인관계가 희박해질 것이다. 하지만 그 반대로 해도 문제다. '사람에게 상냥하고, 일에 관대한' 조직은 단순히 친한 사람들이 모인 집단이 되어 고객 만족과는 거리가 멀어지고 경영진에게도 버림받을 것이다.

정답은 들러 팀장이 말한 것처럼 '사람에게 상냥하고, 일에 엄격하게', 즉 회사는 '신용 시스템'을 담담하게 돌리고, 일대일 관계에서는 '신뢰 시스템'을 돌리는 것이 양립해야 한다.

[도표 7] 신용과 신뢰

신용	신뢰
신용금고 ○ 신용거래 ○ 신용조사 ○	신뢰금고 × 신뢰거래 × 신뢰조사 ×
담보 및 실적 있음	담보 및 실적 없음
배신당하면 믿지 않는다	배신당해도 가능성을 믿는다
공식 조직에 적합하다, 일에 엄격하게	비공식 조직에 적합하다, 사람에게 상냥하게

✦ 12장 ✦

승진했는데 직원들 사이에서 포지션 잡기 어려워요

조직 생활에서는 자신의 직급이나 위치에 따라 처신해야 한다. 그러나 이에 맞는 행동 지침이나 정답이 없기에 우리는 우왕좌왕하게 된다. 그로 인해 어쩔 수 없이 눈치를 보게 되고, 자신을 둘러싼 시선들에 부담을 느끼며 어떻게 해야 잘할 수 있을지 고민한다. 여기에 대해 아들러는 서로 믿고 의지하라고 말한다. 자신만의 방식으로 신뢰를 쌓으라는 것이다.

★ 아들러 심리학 가르침 ★

상대방을 믿고, 자신을 믿고, 의지하고,
호의를 받아들이고, 맡긴다.

4월 초순은 날씨도 따뜻하지 않고 벚꽃도 피지 않는다. 그런데 우리 영업 1과, 2과, 3과 사람들은 4월 첫째 주 토요일, 아직 쌀쌀한 날씨에도 불구하고 꽃놀이 바비큐 파티를 결행하기로 했다. 다음 주에 들러 팀장이 후쿠오카로 떠나기 때문이다. 이번 주말밖에 시간이 안 되기 때문이다.

그뿐만이 아니었다. 이 행사의 목적은 들러 팀장의 송별회 외에도 승진 축하와 새로 부서에 합류한 사람들의 환영회도 겸하는 마치 '잡탕' 같은 행사였다. 나도 그 대상 중 한 사람이었다.

놀랍게도 나는 이 타이밍에 시니어 렙으로 승진함과 동시에 과장으로서 팀을 이끌게 되었다.

풍문으로는 나의 승진과 승격에 찬반양론으로 나뉘어 격론이 오갔다고 한다. 2분기에 부서 2위의 성적을 거두었지만, 3분기에는 로열자동차 사건으로 목표 미달 및 미들급으로 내려갔다. 그러나 4분기에 또다시 일변하여 미들급에서 추종을 불허하는 큰 실적으로 선두를 차지했다. 어떻게 보느냐에 따라 지극히 불안정한 업적이었다.

하지만 들러 팀장의 열성적인 프레젠테이션과 마사무네 과장의 강력한 뒷받침이 있었다고 들었다. 마사무네 과장은 야근 감축 프로젝트 책임자를 겸한 인사과장이다. 프로젝트에 관여한 나를 높이 평가해 준 모양이다.

나는 오로지 내 능력으로 승진 및 승격한 것이 아니라고 느꼈다. 조직은 많은 사람의 협력으로 이루어진다. 승진했다고 해서 결코 오만하게 굴지 않고 앞으로도 계속 성장해 나가고 싶다는 생각뿐이다.

이번에 승진 및 승격한 사람은 나뿐만이 아니다. 한발 앞서 플레잉 매니저인 시니어 렙으로 활약했던 영업 3과의 쓰요시와 영업 2과의 유 역시 팀원을 둔 과장으로 승진했다. 우리 동기 셋이 모두 같은 타이밍에 과장이 된 것이다.

자, 건배!

바다와 가까운 야외공원 바비큐 사이트에서 우리는 성대하게 컵을 맞댔다.

40여 명 정도의 사람들이 모두 영업부인 만큼 서로 상대의 컵보다 낮은 위치에 컵을 가져다 대는 매너를 지켰다. 그러다 보니 서로 낮게 대려고 경쟁하는 바람에 좀처럼 건배를 할 수 없었다. 우리는 영업사원의 서글픈 습성을 웃어넘기며 나란히 늘어서서 차례로 컵을 맞대고는 단숨에 맥주를 들이켰다.

"료, 축하해! 그런데 부서가 바뀌니까 리카와 떨어져 섭섭하겠네."

유가 말을 걸었다. 유와 쓰요시는 과장 승진에 따른 부서 이동은 없었다. 전임 과장에게서 물려받아 현재 소속된 부서의 리더가 된 것이다.

하지만 나는 달랐다. 들러 팀장의 후임을 이어받는 것이 아니라 신설되는 IoT^Internet of Things^ 추진과 과장으로 임명되었다. 들러 팀장의 후임으로는 전 과장인 야마모토 팀장이 돌아온다. 오직 나만 혼자 떠나는 것이다.

크리스마스 데이트를 계기로 1월부터 리카와 나는 정식으로 사귀기 시작했다. 우리는 동료들에게 숨김없이 오픈했기에 회사에는 우리를 떼어놓고 싶었을 것이다. 당연한 일이다.

물론 우리 회사는 헌법 정신에 따라 사내 연애가 자유롭다. 그러기에 데이트야 근무 외 시간에 얼마든지 할 수 있다. 유도 그걸 알면서 놀리는 것이다.

나는 유의 농담을 받아 리카를 향해 소리쳤다.

"리카! 외로워!"

리카는 두리번두리번 주위를 둘러보며 나를 야단쳤다.

"지금 뭐라는 거야! 못 말려, 바보야!"

그 모습에 유뿐만 아니라 모두가 웃었다.

바비큐 파티에 모인 사람들 대부분은 영업 1과, 2과, 3과 사람들이었는데, 신설되는 IoT 추진과에서도 4명이 와 주었다. 이들은 내가 속했던 영업 1과 사람들과 함께 하나의 그릴을 둘러싸고 있었다.

리카는 여느 때처럼 바쁘게 움직였다. 들러 팀장과 과장들의 음료를 채워주거나 고기와 채소를 써느라 바빴다. 눈치가 빠른 리카가 일을 척척 해냈기에 다른 여직원들은 작업할 새가 없어졌다. 나도 리카 옆에서 잡일을 자청했다. 모두가 즐겼으면 했다. 그러려면 누구에게 시키는 것보다 내가 직접 작업하는 것이 바람직하다고 생각했다.

다른 그릴 옆에는 쓰요시가 전국시대 장수처럼 턱 앉아 있었다. 주위에서 새로운 상사를 따르는 사람들이 번갈아 가며 술을 따르고 있었다. 쓰요시는 잡일을 일절 하지 않았다. 그야말로 대장처럼 굴었다.

그 옆 가장 안쪽 그릴에서는 유가 플라스틱 컵과 캔맥주를 양손에 나눠 들고 일하는 팀원들을 차례로 찾아가 맥주를 따르며 말을 건넸다.

"수고가 많아. 이런, 고기를 썰어주었구나. 고마워. 역시 세심하네. 덕분에 잘 먹을게."

유에게 말을 건네받고 인정받은 사람들은 기뻐했다.

나는 상상해 보았다. 유는 일할 때도 저렇게 세심하게 말을 건네지 않을까. 그 장면이 눈에 선했다. 쓰요시도 지금처럼 턱 자리 잡고 앉아 장수처럼 군림하고 있을 것이 틀림없다. 팀원들은 그런 그의 체면을 세우고 기쁘게 하려고 노력할 것이다. 그것도 하나의 매니지먼트 스타일임이 틀림없다.

내가 팀원이라면 어느 상사가 더 좋을까? 역시 유 밑에서 일하고 싶다. 쓰요시에게 굽실굽실 술을 따르는 것보다 유와 같은 상사에게서 노고를 치하받고 싶다. 그런 생각을 하면서 두 사람을 멍하니 바라보았다.

그때 문득 깨달았다. 손을 멈추고 있을 때가 아니었다. 나는 과장이 되었다. 리더로서 그 어떤 팀원보다 부지런히 일해야 한다. '솔선수범'이라는 말이 있지 않은가.

나는 황급히 몸을 움직였다. 접시를 준비하고 숯불을 피우고 쓰레기봉투를 세팅하며 바쁘게 뛰어다녔다. 앗, 숯불이 꺼질 것 같은걸. 서둘러 불을 피워야겠다. 나는 불을 살릴 때 쓰는 대나무 대롱을 손에 들고 그릴 앞에 쭈그리고 앉아 있는 힘껏 숨을 들이마셨다.

그 순간. 들러 팀장의 동그란 눈동자가 눈에 들어왔다. 서로의 눈이 마주친 순간 들러 팀장이 장난꾸러기처럼 늘 하던 제스처를 취했다.

"빵야!"

나는 허를 찔려 엉덩방아를 찧었다.

하하하하하! 들러 팀장은 과장되게 양손으로 배를 두드리며 웃었다. 그리고 손가락으로 한 테이블을 가리키며 말했다.

"이것 봐. 료 과장님. 저 테이블에서 자네의 새로운 팀원들이 열심히 채소를 썰고 있어. 묵묵히 작업만 하고 있지."

나는 그들을 쳐다보았다. 모두 말없이 작업에 열중하고 있었다. 들러 팀장이 말을 이었다.

"그런데 말이야, 오늘의 본래 목적은 친목을 다지는 것 아닌가. 결코 채소 빨리 썰기 대회를 하려는 게 아니라고. 그들과 서로 대화하고, 마음을 터놓는 관계를 구축해야 하지."

들러 팀장은 아쉬운 표정을 지었다.

"그럼 지금 자네가 해야 할 일은 뭘까? 과연 숯불을 살리는 것일까? 아니면 팀원들에게 지지 않고 채소 빨리 썰기를 겨루어야 할까?"

들러 팀장의 말을 듣고 정신이 번쩍 들었다. 맞는 말이다. 나는 전혀 그런 상황을 모르고 있었다. 팀원들의 얼굴을 보지 않았던 것이다.

나는 그저 리더로서 망신당하지 않으려는 생각만 했다. 팀원들의 마음을 살펴보지 않았다.

나는 부끄러워서 뺨이 달아올랐다.

자신이 바쁘게 일한다고 반드시 팀원에게 도움이 되는 것은 아니다. 그보다 친목을 다지고 팀원의 의욕을 높이는 일이 훨씬 중요하다. 그럼 어떻게 해야 할까? 무엇을 하면 좋을까?

나의 시선 끝에는 유가 있었다. 그렇구나. 모범 답안이 바로 앞에 있지 않은가. 그렇다. 한 사람 한 사람에게 노고을 치하하고 위로를 건네며 용기를 북돋우고 있었다. 평소와 다름없는 유의 모습이었다.

유는 이른바 잡일은 일절 하지 않았다. 숯불도 피우지 않고 채소도 썰지 않았다. 과연, 그래도 되는 것일까? 팀원들이 '게으른 상사'라고 험담하지는 않을까.

나는 유가 걱정되어 들러 팀장에게 물었다.

"팀장님. 유는 과장이 되어서 잡일은 전혀 안 하고 있어요. 그래도 되는 걸까요?"

들러 팀장은 넌지시 묻는 나를 보며 느긋하게 미소 지었다. 그리고 아무 말 없이 유와 유의 팀원 한 사람 한 사람에게 시선을 보냈다. 그리고 다시 나를 쳐다봤다. 나는 들러 팀장이 했던 대로 시선을 돌려 보았다. 유를 본다. 유의 팀원의 표정을 본다. 그리고 이해했다.

유의 팀원들은 매우 기쁜 듯했다. 그것은 위로의 말을 건네받은 기쁨만이 아니다. 자신이 채소를 썰어서 팀에 공헌하고 있다는 사실을 인정받은 것이다. 그것을 알아주는 상사에게 고마운 것이다. 사람은 공헌함으로써 '자신은 다른 사람을 기쁘게 할 수 있다, 그럴 능력이 있다.' '자신은 다른 사람에게 필요하다, 설 자리가 있고, 자신에게 가치가 있다.'라고 생각하게 된다.

아들러 심리학에서는 이를 '용기가 있는 상태'라고 부른다. 용기가 있으면 사람은 전진한다. 어려움을 극복하고자 앞으로 나아가는 것이다. 그러나 '자신은 공헌할 수 없다.', '자신은 필요하지 않다, 설 자리가 없다.'라는 생각이 들면, 즉 '용기가 없는 상태'에서는 앞으로 나아가기를 두려워한다. 상처받고 실수할까 봐 대인관계 맺기를 포기하고 도전을 그만두는 것이다.

그렇다면 IoT 추진과 과장인 내가 무엇을 할 수 있을까? 어떻게 하면 팀원들의 용기를 북돋아 줄 수 있을까?

팀원보다 빠른 속도로 채소를 자를 일인가. 팀원들이 보지 못한 꺼질 듯한 숯불에 불을 붙일 일인가. 아니, 그렇지 않다. 그럴수록 팀원들은 열등감을 느낄 것이다. 내가 솔선수범할수록 팀원들이 활약할 자리가 좁아진다.

그렇구나, 이제 알겠다. 그래서 유는 일부러 잡일을 하지 않는 것이다. 과장인 자신은 잡일을 하지 않고 팀원을 믿고 맡긴다. 아니, 팀원을 의지한다고 말할 수 있지 않을까. 일부러 팀원이 활약할 여지를 남긴다. 과장이 팀원의 일을 빼앗지 않도록 하는 것이다. 그리고 활약한 팀원의 용기를 북돋운다. 감사해하고 인사를 전한다.

그렇구나! 이거다! 이게 '맡긴다'라는 것이다. 이게 과장의 일이다!

나는 유가 취한 행동에서 '맡기는 기술'과 용기를 북돋우는 방법의 진수를 보았다.

어쩌면, 스타일은 달라도 쓰요시도 과장으로서 행동한 것은 아닐까. 적어도 쓰요시는 스스로 바쁘게 일함으로써 팀원의 일거리를 빼앗지는 않았다. 권위 있는 대장처럼 굴면서 잡일은 모두 팀원에게 믿고 맡겼다.

나만 과장답지 못했다! 정신없이 바쁘게 일하고, 팀원의 일을 빼앗고, '나는 일하고 있어요.'라고 과시하다니! 나는 그 사실을 깨닫고 더욱 스스로 부끄러워졌다.

아, 아무래도 나는 과장으로서 기본자세부터 바꿔야겠다. 팀원의 일을 빼앗지 않고, 잡일을 하지 않고, 팀원이 활약할 여지를 남긴다. 팀원을 지켜보고, 감사를 전하고 용기를 북돋우는 데 전념한다. 그렇게 한다는 것은 팀원을 신뢰한다는 뜻이다.

유와 쓰요시는 팀원을 동료이자 아군으로 여겼다. 그리고 자신이 잡일을 하지 않아도 상사로 인정한다고 믿는다. 팀원을 적도 위협도 아닌, 자신을 받아주는 자기편이라고 여기는 것이다. 믿음이 없다면 절대 가능하지 않은 일이다.

이것은 동시에 자신에 대한 믿음으로 이어진다. 자신이 게으른 사람이 아니라 팀을 진심으로 생각하는 '착한 사람'이자 리더로서 공헌하고 있다고 스스로 신뢰할 수 있다. 그렇기에 저렇게 태연자약할 수 있는 것이다.

이것이야말로 들러 팀장이 가르쳐준 '타자 신뢰'요, '자기 신뢰'다. 근거 없이 상대방을 믿고 자신을 믿는다. 유와 쓰요시는 그렇게 할 줄 아는 것이다.

팀원에게 맡기는 데는 전제조건으로 '타자 신뢰'와 '자기 신뢰'가 전적으로 필요하다. 그에 따른 '소속감'도 필요하다. 이것이 '공동체 감각'이다. '맡긴다'라는 것은 '공동체 감각'을 실천하는 것이자 '용기 북돋우기'를 실천하는 셈이다.

'배움에는 정말 끝이 없구나. 이 바비큐 자리에서의 깨달음을 얻다니.'

나는 오늘 깨달음의 깊이에 넋을 잃었다.

생각에 푹 잠겨 있다 갑자기 정신이 번쩍 들었다. 꽤 오랫동안 생각에 잠겨 있었던 모양이다.

"팀장님, 죄송해요! 얘기하던 중이었죠!"

나는 들러 팀장 쪽으로 돌아섰다. 그러나 황당하게도 들러 팀장은 감독 의자에 앉아 꾸벅꾸벅 졸고 있었다. 세상에나. 내가 아무리 생각에 잠겼다고 해도 이야기 도중에 졸다니!

아니지. 잠깐만. 어쩌면 들러 팀장은 나를 '타자 신뢰'하고 적이 아닌 내 편으로 생각하는 것이 아닐까. 동시에 '자기 신뢰'를 실현한 것이다.

그래서 내 대답을 기다리지도 않고 마음 가는 대로 편안하게 잠든 것이다. 신뢰를 바탕으로 하면 그렇게 생각할 수도 있지 않을까?

바비큐 파티에서도 나는 유와 쓰요시의 모범적인 모습과 들러 팀장의 선잠에서 깨달음을 얻었다. '좋았어, 나는 이 가르침을 살려 훌륭한 과장이 되겠어. 은혜를 갚는 거야.'

IoT 추진과 동료들이여, 너무 기다리게 해서 미안하다. 나는 너희 일을 빼앗지 않고 믿고 지켜보겠다. 내가 잡일을 도맡아 하면서 체면 차리지 않고, 의지하고, 호의를 받아들이고, 용기를 북돋울 것이다.

나는 졸고 있는 들러 팀장을 제쳐두고 팀원들이 작업하는 테이블을 향해 달려갔다.

"오래 기다렸지! 다들 채소 썰어줘서 고마워! 많은 도움이 됐어."

팀원들의 표정이 밝게 빛났다.

이거다, 이거! 내가 해야 할 일은 잡일이 아니라 그들을 지켜보고, 그들이 해 준 일에 감사하는 것이다. 내가 앞으로 과장으로서 무엇을 해야 할지를 깨닫는 순간이었다.

나는 힐끗 들러 팀장을 훔쳐보았다. 그러자 황급히 시선을 돌리는 들러 팀장이 보였다. 어쩌면 들러 팀장의 선잠은 연기였을지 모른다. 아무래도 좋다. 나는 들러 팀장의 송별회에서 들러 팀장의 '마지막 가르침'을 받았으니까.

이번이야말로 들러 팀장이 내주는 마지막 숙제였다. 분명 들러 팀장은 "상대방을 믿고, 자신을 믿고, 의지하고, 호의를 받아들이고, 맡긴다."라고 말하고 싶었을 것이다.

이게 들러 팀장의 마지막 숙제다.

들러 팀장에게 어떻게 보답해야 할까. 선물을 주는 것도, 감사의 말을 전하는 것도 아니다. 바로 내가 훌륭한 과장이 되는 것이 가장 큰 보답이다.

좋았어. 해 보자! 나는 그렇게 다짐했다.

나의 마음을 아는지 모르는지 들러 팀장은 바비큐 고기를 볼이 미어터지도록 입안 한가득 물고 있었다.

유를 중심으로 사람들의 따뜻한 웃음이 쏟아졌다. 쓰요시 앞에는 술잔을 기울이는 팀원들이 길게 줄을 서 있었다. 그리고 내 주변에는 새로운 팀원들의 풋풋한 미소가 가득했다.

차가운 봄바람에 몸을 떨며, 아니, 흥분에 휩싸여 몸을 떨며 나는 다짐했다.

'아들러 심리학을 잘 활용해서 저는 반드시 훌륭한 과장이 될 거예요. 팀장님. 부디 후쿠오카에서 저를 지켜봐 주세요.'

'짹, 짹, 짹.' 아기새가 지저귀었다. 벚꽃잎 한 장이 하늘하늘 내려앉았다.

그렇게 새로운 날이 다시 시작되었다.

아들러
심리학
들여다보기

공동체 감각과 용기 북돋우기의 교차점과 맡기기

저서 《맡기는 기술》과 《기다림의 힘》을 낸 나는 강연 시 꼭 수강자에게 질문 "'내가 하는 게 빠르다'라고 한 번이라도 생각해 본 적 있는 사람, 손들어보세요."라고 묻는다. 그러면 매번 100%의 확률로 전원이 손을 든다. 이토록 '맡기기'란 생각보다 어렵다.

맡길 줄 모르는 상사는 팀원을 신뢰하지 못하고 자신까지 신뢰하지 못한다. 맡겼다가 실수를 저지르고, 동시에 자신이 게으른 사람이라고 규탄받지는 않을까 두려워하는 것이다. 반대로 맡길 줄 아는 상사는 팀원을 신뢰하고 자신을 신뢰하는 상사이다. 이를 바비큐 자리에서 들러 팀장에게 배운 료는 바로 도전했다.

이번 장에서 언급되었듯 '맡긴다'라는 것은 용기를 북돋우는 작업이자, 공동체 감각이 발휘될 수 있는 순환이다. 두 교차점에 '맡긴다'가 있는 셈이다. 아들러 심리학을 배우고 실천함으로써 급속도로 실력을 쌓은 주인공 료는 과장으로 승진해 지금까지와는 전혀 다른 역할을 요구받고 당황해한다. 하지만 역할이 다르더라도 아들러 심리학의 가르침은 큰 도움이 되었다. 그리고 어려운 길의 첫걸음을 용기 있게 내디뎠다.

그럼, 료는 과장으로 계속 활약할 수 있을까요? 이야기는 드디어 끝을 향해 간다.

변하려면 움직여야 하고 움직이면 변한다

들러 팀장이 퇴직한 지 벌써 4년이 지났다니 믿을 수 없다. 벌써 4년. 아니 겨우 4년인가? 어느 쪽이든 상관없다. 오늘은 소중한 반성회 날이다.

"석패!"

말장난으로 건배 대신 외쳤다. 차례차례 참가자들이 술잔을 주고받으며 들이켰다. 우리 부부가 처음 방문한 이곳 후쿠오카 사람들은 술 마시는 속도가 빨랐다. 맥주든 소주든 전통주든 기본적으로 전부 원샷이었다. 나이 든 사람도 젊은 사람도 남자도 여자도 단숨에 쭉 술잔을 기울인다.

"들러 씨, 유감이어라! 이야, 아주 아까웠당께!"

현지 후쿠오카의 후원회 회원들이 저마다 들러 씨를 격려했다. 어깨를 두들기고. 안고. 악수하고.

들러 씨는 마치 승리를 축하하는 자리인 것처럼 함박웃음을 지었다.

행사장 정면에는 소원을 이루지 못해 한쪽 눈을 마저 그리지 못한 커다란 오뚝이를 장식해 두었다. 그 옆에 유유히 서 있는 들러 씨에게 미니스커트와 구두를 신은 아내가 달려들었다.

"꺄악! 들러 씨! 오랜만이에요. 이번에는 안타까웠어요. 진짜 쪼금만 더 하면 후쿠오카현 현지사가 될 뻔했는데 말이에요. 아우, 분해! 지사실에 놀러 가고 싶었는데."

아내는 한 손에 생후 반년이 채 안 된 딸을 안은 채 다른 손으로 들러 씨의 어깨를 안았다.

우리 회사를 퇴직한 들러 씨는 돌아가신 아버지의 뒤를 이어 후쿠오카 공장을 재건했다. 그리고 IoT 최첨단 기술을 활용해 첫 해부터 흑자로 돌린 것이다.

내막을 조금만 밝히자면 IoT 도입 시 우리 회사, 아니 내가 담당하는 업무라 그에게 적지 않은 도움을 주었다. 애쓴 보람이 있어서 들러 씨의 공장은 일약 일본에서, 아니 전 세계에서 주목받는 벤처기업으로 거듭났다.

그 후 3년 연속 매출과 수익 증대를 거듭하며 이름을 떨쳤다. 비즈니스 잡지에 특종 기사도 여러 차례 실렸다.

들러 씨는 업적을 올릴 뿐만 아니라 인재 육성에도 열심이었다. 그동안 일개 엔지니어에 불과했던 매제를 곧바로 이사로 끌어올렸고 이듬해 사장으로 발탁했다. 그리고 자신은 회장 자리에 앉았다. 이름만 번지르르한 것이 아니었다. 공장 경영은 명실상부 매제에게 맡기고 자신은 그동안의 경험을 전하는 강연 활동으로 일본 전역을 누볐다.

그런 스타 가도를 달리던 들러 씨를 후쿠오카 경제계에서 내버려 둘 리 없었다. 경제단체연합회, 상공회의소, 청년회의소가 모두 후쿠오카현 현지사로 들러 씨를 내세워 입후보하게 했다. 그런데 안타깝게도 현지사 자리에는 표가 조금 못 미쳐 당선되지 못했다.

하지만 그런 것은 아무래도 좋았다. 나는 들러 씨의 삶에 압도당했다. 인터넷 광고회사 팀장에서 공장의 후계자로, 그리고 벤처기업의 기수에서 강연가로, 그런가 하면 정계에 진출해 까딱하면 현지사가 되기 일보 직전까지 약진을 멈추지 않았다.

'나도 질 수 없지. 들러 씨에게 부끄러운 삶을 살 수는 없어.'

나도 그렇게 마음을 다잡았다.

나는 신설된 IoT 추진과에서 들러 씨의 공장을 포함한 프로젝트를 잇달아 기획하고, 유명 벤처기업의 숨은 배후 역할을 했다. 그 공적을 인정받아 하나의 과가 부서로, 그리고 하나의 회사로 분리되어 나는 사내벤처기업의 제1호 사장에 올랐다.

불과 4년 전에 인터넷 광고회사 팀장이었던 들러 씨와 일개 평사원에 불과했던 내가 어느새 현지사 후보와 벤처기업 경영자가 된 것이다. 누가 보더라도 깜짝 놀랄 만한 변화였다.

그 바탕에는 아들러 심리학이 있다. 들러 씨도 나도 아들러에게 배운 것을 경영과 삶에 활용함으로써 인생을 바꿨다.

"응애, 응애!"

나와 리카의 사랑하는 딸이 울음을 터뜨렸다. 기저귀인가, 아니면 젖인가. 줄곧 여자친구도 없는 겁쟁이였던 내가 지금은 이렇게 딸과 아내를 책임지고 가족을 위해, 나를 위해, 그리고 나라를 위해 하루하루 활기차게 보내고 있다. 기적 같은 일이다.

사람은 누구나 변할 수 있다. 이를 한 사람이라도 더 많은 사람에게 전하고 싶다. 자신의 용기를 북돋우고 다른 사람의 용기를 북돋운다. 그리고 공동체 감각을 가지고 행동한다. 그러면 누구나 행복해질 수 있다. 아들러가 말하는 '유익한 사람'으로 거듭날 수 있다.

"그라믄 들러 씨를 헹가래 쳐야 쓰겄다!"

지역 후원회 회장이 외쳤다. 들러 씨는 예전과 다름없이 동그란 눈동자를 굴렸다.

영차! 영차! 영차!

들러 씨는 경영자로서, 그리고 정치인으로서 앞으로도 세상 사람들에게 도움을 줄 것이다. 나는 벤처기업 경영자로서 내가 할

수 있는 최선을 다하며 끊임없이 공헌할 것이다.

영차! 영차! 영차!

각자가 자기만의 길을 간다. 위아래나 우열이나 승패 따위는 개나 줘버려야 한다는 뜻이다.

나는 있는 힘껏 들러 씨를 위로 던졌다. 그때 그런 생각이 들었다.

인생은 매우 단순하다. 그리고…, 멋지다!

리카의 품에서 사랑하는 딸이 까르르 웃고 있다. 딸아. 이 장면을 잘 새겨 두어라. 나는 앞으로도 너에게 부끄럽지 않은 삶을 살아갈 것이다.

아들러에게서 들러 씨에게로, 그리고 나에게로, 나에게서 딸에게로, 그리고 더 그 앞으로…. 오랫동안 끊기지 않고 이어서 전해질 것이다. 중간에 바통을 떨어뜨릴 수는 없다. 나는 열기 가득 찬 행사장에서 더 큰 기대에 휩싸였다.

마치며

아들러 심리학에 인생의 답이 있었다

“개인심리학(아들러 심리학)은 몇 번이고 반복해서 ‘공동체 감각’과 ‘용기’를 보여 주어야 한다.”

아들러가 《아이들의 교육The Education of Children》에 남긴 이 말과 ‘아들러가 제시한 네 가지 유형’이 내 머릿속에서 하나로 합쳐졌을 때 이 책의 구성이 완성되었다. 행복하게 사는 유일한 길, 즉 ‘유익한 사람’이 되려면 ‘용기’로 활동성을 높이고 ‘공동체 감각’을 실천해야만 가능하다.

이 책 전반부는 ‘용기’의 장이고, 후반부는 ‘공동체 감각’에 관한 장이다. 아들러에 의한 이 두 가지 키워드는 마치 자동차의 바퀴처럼 우리를 행복한 삶으로 이끌어 준다.

"인생이 복잡하지 않다. 당신이 인생을 복잡하게 만드는 것이다."

아들러의 이 말처럼 인생은 지극히 단순하다.

아들러 심리학은 큰 의미에서 대인관계의 심리학이다. 그러기에 회사 조직의 대인관계에도 큰 시사점을 주고 가르침을 준다.

그러나 아들러의 가르침을 그대로 적용하면 어긋나는 점이 생긴다. 이익을 추구하는 게젤샤프트(기능 공동체)인 기업 조직에서 가족으로 대표되는 게마인샤프트(가치 공동체)를 염두에 둔 아들러의 가르침을 그대로 적용할 수 없기 때문이다(아들러 심리학의 핵심 개념 '공동체 감각'은 독일어로 게마인샤프트게필Gemeinschaftsgefühl이라고 한다).

필자는 20년 이상 컨설턴트와 연수 강사로 인재 육성을 지원하고, 동시에 리크루트의 관리직과 벤처기업의 임원, 사장으로서 경영에 힘써 왔다. 동시에 아들러파 심리상담사로 고민을 짊어진 사람들의 마음에 다가갔다.

이러한 경험을 바탕으로 '아들러 심리학을 비즈니스 현장에 응용하는 가교가 되는 것'이 사명이라고 여겼다. 그리고 그 '가교'의 한 방법으로 이 책을 기획하고 집필했다. 부디 여러분께 도움이 되기를 바란다.

_아들러파 심리상담사, 조직인사 컨설턴트 **오구라 히로시**

열등감과 우월감은

사람의 행동을 결정하는 중요한 요소이다.

누구에게나 열등감은 있다.
이는 우리가 어떤 환경에 처해 있는지와 큰 관련이 없다.